Inhalt

Johannes Burkhardt

Der Dreißigjährige Krieg – Einfluß der sächsischen Politik auf die deutsche Geschichte

Der Dreißigjährige Krieg war nicht nur der längste und schwerste, sondern der unübersichtlichste Krieg der deutschen Geschichte. Wenn man wissen will, worum es dabei ging, hilft es wenig, sich an die Abfolge von Einzelkriegen zu halten, die schon damals zu einem einzigen Krieg zusammengezählt wurden, oder sich an den Kriegslagern zu orientieren, die notorisch wechselten.[1] Die Länge und Schwere des Krieges erklärt sich vielmehr daraus, daß eigentlich drei Kriege gleichzeitig geführt worden sind: ein Religionskrieg, ein europäischer Staatsbildungskrieg und ein Reichsverfassungskrieg.[2] Diese von den Historikern heute vornehmlich diskutierten Sachperspektiven des Krieges können auch die sächsische Geschichte in ein neues Licht rücken.

Denn die kursächsische Politik im Dreißigjährigen Krieg wird zumeist weit unterschätzt. Sachsen hat nach einiger Bedenkzeit 1620–1629 mit dem Kaiser gekämpft, 1631–1634 mit den Schweden gegen den Kaiser, 1635–1644 wieder mit dem Kaiser, um ihn dann mit einem halben Sonderfrieden wieder allein zu lassen. Dieser mehrfache Parteiwechsel hat dem Kurfürsten eine bis heute nachhallende Schelte von Historikern eingetragen, die ihn jeweils lieber auf der anderen Seite gesehen hätten und als wankelmütig, schwach und erfolglos hingestellt haben. Wahrscheinlich hatte Johann Georg I. in der Tat keine »Führungsqualitäten«[3], wohl aber Prinzipien und kluge Ratgeber. Wer immer die kursächsische Politik gemacht hat – neue Archivforschung verweist besonders auf den Geheimen Rat –[4], hat Interesse und Position des Dresdner Hofs durchaus zur Geltung gebracht, und das unter den Bedingungen dieses Krieges gar nicht schlecht. Das gilt für den Kurstaat, und darüber hinaus fast noch mehr für die deutsche Geschichte. Deutlich wird das an dem dreifachen Problembündel des Krieges, auf das Sachsen zu reagieren hatte.

Der Religionskrieg und der sächsische Beitrag zu seiner Überwindung

In der klassischen Lesart des Dreißigjährigen Krieges handelt es sich vor allem um einen Religionskrieg. Diese Deutung hat für das Zeitalter der Gegenreformation und Konfessionsbildung, in dem Religion und Politik noch nicht getrennt waren, viel für sich und sollte nicht vorschnell zur Seite geschoben werden. Kursachsen hat am Vorabend des Krieges sogar einen Anlaß dafür

Flugblatt zum Reformationsjubiläum 1617

geboten. Im Oktober 1617 jährte sich nämlich zum hundertsten Mal die Thesenaufstellung Martin Luthers, und die Regierung im Ursprungsland der Reformation schrieb dafür erstmals ein großes Reformationsjubiläum aus, dem sich das ganze evangelische Deutschland anschloß. Ein illustriertes Flugblatt hielt Ursprung und Bedeutung des Jubiläums fest: Als Begründer der evangelischen Konfession stehen Luther und Melanchthon hinter dem Altar und bekommen von zwei sächsischen Kurfürsten Flankenschutz, von Luthers Landesherrn Friedrich dem Weisen und nun nach 100 Jahren von dem »itzigen Churfürsten frumb« Johann Georg, der das schützende Kurschwert markant auf den Altar pflanzt. Der Kur- und Länderwechsel zwischen ernestinischer und albertinischer Linie der Wettiner wird geschickt überspielt und eine wehrhafte Kontinuität des evangelischen Kurstaates und seines konfessionellen Führungsanspruchs proklamiert. Es gab viele weitere Jubiläumsblätter, aber auch katholische Gegenblätter und -schriften, und bald war man im großen Stil dabei, die Kämpfe der Reformationszeit noch einmal durchzufechten. Während die Evangelischen die Abschaffung des Ablasses feierten, schrieb Rom prompt eine Art Gegenjubiläum mit einem Ablaß »zur Abschaffung der Ketzereien« aus. Ein Ulmer Schuster hat klar gesehen, wohin eine solche Mobilmachung der Konfessionen führen mußte, und in seiner Chronik festgehalten: »Dieses Jubelfest ist ein Anfang des Krieges gewesen«.[5)]

Um so erstaunlicher erscheint die Politik Sachsens, als der Krieg im nächsten Jahr tatsächlich begann. Die mit dem Prager Fenstersturz kaiserlicher Räte spektakulär eingeleitete böhmische Erhebung berief sich auf die Verletzung verbriefter konfessioneller Rechte gegenüber der habsburgischen Gegenreformation und forderte so die Solidarität der evangelischen Reichsstände und des protestantischen Europa ein. Die bekam sie aber nicht, am allerwenigsten von Kursachsen. Ein böhmischer Emissär berichtet, er habe stundenlang auf den maßgeblichen Mann im Geheimen Rat eingeredet, »daß ich bald unter den Tisch gefallen«[6)], aber das half nichts. Schließlich griff Kursachsen gar gegen die böhmischen Stände in den Krieg ein und nahm die zum böhmischen Länderverband gehörenden Lausitzen in Besitz. Ein volles Jahrzehnt ging die tradtionelle Vormacht des evangelischen Deutschland nun mit dem habsburgischen Kaisertum und wurde zum Partner der katholischen Liga, in die schon der Vater des Kurfürsten beinahe einmal eingetreten wäre.[7)]

Ein Grund dafür war, daß es in Deutschland damals nicht zwei, sondern drei Konfessionen gab. Die katholische und die auf dem Augsburgischen Bekenntnis von 1530 gründende lutherische Konfession hatten sich im Augsburger Religionsfrieden von 1555 anerkannt, aber die erst danach aufkommende reformierte Konfession, die von Calvin ausging, besaß keine Rechtsgrundlage im Reich und wurde von den lutherischen Theologen erbittert bekämpft. Allen voran in Kursachsen, wo schon um die Jahrhundertwende ein lutherischer Hofprediger die These aufstellte, daß Lutheraner und Katholische einander weit näher stünden als Lutheraner und Calvinisten. Auch der amtierende Oberhofprediger und Gewissensrat des Kurfürsten, Matthias Hoë von Hoenegg, predigte und schrieb nun so, daß ein Wiener Diplomat erfreut berichtete, er gebe dem Kaiser was des Kaisers ist und »mahlet die Calvinisten und rebellischen Böhmen mit schwarzen Farben«.[8] Denn die böhmische Erhebung war in der Tat stark calvinistisch inspiriert und der neugewählte König Friedrich von der Pfalz gar das Haupt der Reformierten im Reich und der evangelischen Union, der Kursachsen aus gutem Grund nicht angehörte. Wenn die sächsischen Theologen zu einem Religionskrieg geraten hätten, dann wohl eher zu einem innerprotestantischen gegen die Calvinisten. Soweit ließ es die Dresdner Politik jedoch nicht kommen, zumal es auch Lutheraner in Böhmen und gesamtprotestantische Integrationsbemühungen im Reich gab. Der Dresdner Hof hat vielmehr mäßigend und vermittelnd auf die böhmische Entwicklung einzuwirken versucht und, als das nichts brachte, seine Abkehr auf ein ganz anderes Argument gestützt: der Aufstand habe mit der Religion gar nichts zu tun, sondern sei eine rein politische Angelegenheit. So hat es nach neuer Forschung von Anfang an das Regierungsgremium gesehen, so stand es in Gutachten, die der Kurfürst im Stil der Zeit von deutschen Universitäten einholte, und so wurde es zur Sprachregelung zwischen Wien und Dresden.[9]

Diese rein politische Lesart der böhmischen Erhebung hat auch im Reich großen Anklang gefunden und den sich anbahnenden Religionskrieg eigentlich gleich wieder abgesagt. Nicht einmal die Union griff in den Krieg ein, sondern ließ sich neutralisieren. Für die böhmische Sache wurde dieser religiöse Legitimitationsverlust verhängnisvoll – aber auch für die deutsche Geschichte? Was wäre wohl angesichts des im Reich und Europa angesammelten konfessionellen Konfliktstoffes passiert, wenn sich die traditionelle evangelische Symbolmacht für die protestantische Sache der Böhmen erklärt hätte, wie ihr manche Historiker nachträglich geraten haben? Indem Sachsen auf der nach heutigem Empfinden konfessionell »falschen« Seite in den Krieg eingriff, als Partner von Kaiser und katholischer Liga, hat es der bereits angelaufenen konfessionellen Propaganda den Boden entzogen und einen allgemeinen Religionskrieg in Deutschland erst einmal verhindert. Stets war es die Nichtübereinstimmung von konfessionellem und politischem Lager[10], die dem Religionskrieg in Europa Grenzen zogen.

Gedankt hat es die kaiserliche Politik dem Kurfürsten schlecht. Denn die Erfolge von Kaisertum und katholischer Liga entwickelten eine konfessionelle Eigendynamik, die im kaiserlichen Restitutionsedikt von 1629 gipfelte. Die evangelischen Fürsten hatten auch nach dem Augsburger Religionsfrieden weiter Klöster und Bistümer reformiert, säkularisiert und enteignet, aber inwieweit zu Recht, war umstritten. Der Kaiser entschied nun autoritativ nach der katholischen Rechtsmeinung und verfügte ihre Rückgabe und Wiederherstellung. Das betraf vor allem süddeutsche Klöster und nordwestdeutsche Bistümer, hätte aber auch den Erwerb der ehemaligen sächsischen Bistümer Meißen, Merseburg und Naumburg in Frage stellen können. Die kursächsische Politik ging nun dosiert auf Distanz, sammelte die evangelische Partei um sich, um dann bei der nächsten großen Gelegenheit ihr Gewicht in die andere Waagschale des konfessionellen Gleichgewichts zu legen. Das war die Intervention des Schwedenkönigs Gustav Adolf. Es ist eigentümlich, daß auch hier wieder ein hundertjähriges Jubiläum die religiöse Lesart eines Kriegsabschnitts begünstigte: das Jubiläum der Augsburgischen Konfession. Sachsen beging das Jubiläum der evangelischen Bekenntnisschrift in großem Stil und nutzte es zu einer Bildpublizistik, die seinen konfessionspolitischen Rechtsstandpunkt herauskehrte. Aber auch für den im Sommer 1630 termingerecht gelandeten lutherischen Schwedenkönig wurde nun das Jubiläum der Confessio Augustana zum Ausgangspunkt einer gewaltigen Propagandaschlacht, die ihn den Deutschen als Verteidiger der bedrohten Konfession und evangelischen Glaubenshelden nahebrachte.[11] Irgendwann mußte das zusammenfinden, erst publizistisch, dann militärisch. Dieses Bündnis, das Sachsen 1631 mit Schweden schloß, hielt es über den Tod des Schwedenkönigs hinaus aber nur so lange aufrecht, bis der Kaiser das Restitutionsedikt suspendierte und mit der Auflösung der Liga das konfessionelle Gleichgewicht wiederherstellte.

Die Vereinbarungen dazu trafen der Kaiser und Kursachsen 1635 im Frieden von Prag. Darin haben sie auch für die Konfessionsregelungen des Westfälischen Friedens bereits die Weichen gestellt. Mit einer Stichjahresregelung – in Prag 1627, in Osnabrück wiederum auf sächsischen Vermittlungsvorschlag dann 1624 – wurde künftig ein für allemal die Kirchengutsfrage geregelt und auch die Konfessionskarte Deutschlands nach diesem sogenannten Normaljahr festgeschrieben. Es wurde zu einer Grundlage des konfessionellen Friedens, daß die deutschen Fürsten, wenn sie künftig die Konfession wechselten – wie zum Beispiel in Sachsen dann August der Starke – nicht mehr an den Konfessionsstand ihres Landes rühren durften. Und auch mit den ungeliebten Reformierten machte Sachsen schließlich seinen Frieden. Indem sie in das Corpus Evangelicorum, die Interessenvertretung der evangelischen Reichsstände, aufgenommen wurden, deren Vorsitz Kursachsen führte, waren sie reichsrechtlich anerkannt. Was immer man sonst von der sächsischen Politik halten mag, hat sie mit der frühen Durchbrechung konfessioneller Lager, der Sorge um das konfessionelle Gleichgewicht und der Weichenstellung zum Religionsfrieden einen gewichtigen Beitrag zur Überwindung des Religionskriegs in Deutschland geleistet.

Der europäische Staatenbildungskrieg als Herausforderung für den sächsischen Kurstaat

Wenn man in Sachsen die böhmische Sache als eine eher politische nahm, so hatte man damit nicht ganz Unrecht. Die böhmische Erhebung war aber nicht so sehr Rebellion, Aufstand oder gar Revolution als vielmehr eine ständische Staatsbildung.[12] Nicht die habsburgischen Inhaber der böhmischen Wahlkrone, sondern die Stände waren die eigentlichen Herren im Land und hatten bereits staatliche Kompetenzen wie das gesamte Finanz- und Militärwesen und das Kirchenregiment übernommen, um dessen Umfang es zum Streit kam. Nun wollte man sich ganz von den Habsburgern trennen, übernahm selbst die volle Regierungsgewalt, bildete eine Konföderation aus den fünf Ländern Böhmen, Mähren, Schlesien, Ober- und Niederlausitz und suchte sich dafür einen neuen König. So ähnlich hatten schon in der Schweiz und in den Niederlanden partikulare Gewalten von unten her europäische Staaten gegründet, die im Dreißigjährigen Krieg ihre Anerkennung erlangten. Die böhmische Erhebung leitet eine Serie von Konflikten ein, die den Krieg nicht so sehr als Staatenkrieg, denn als Staatenbildungskrieg erscheinen läßt.[13] Und Sachsen?

Vor diesem Hintergrund gesehen, gewinnt ein Gedanke Karlheinz Blaschkes besonderes Interesse. Bevor die Böhmen den Kurfürsten von der Pfalz zum König wählten, hatten sie die Krone sehr ernsthaft dem Kurfürsten von Sachsen angeboten, der sie aber ausschlug. Damit gab nach Blaschke »die kursächsische Politik eine einmalige Chance auf dem Weg zur Großmacht aus der Hand«. Denn hier wäre anders als später bei der polnischen Union Augusts des Starken »ohne Krieg und Gewaltanwendung« ein geschlossener Territorialkomplex entstanden, der auch dem aufsteigenden Preußen Grenzen gesetzt hätte. Kontrafaktische Überlegungen sind in der Geschichte immer faszinierend und anregend, besonders wenn reale Handlungsalternativen bestanden haben und ins Programm der Zeit passen, und das ist in diesem Staatsbildungskrieg sicher der Fall. Aber wäre die Rechnung auch aufgegangen? Der Pfälzer Kurfürstenkollege grenzte mit der Oberpfalz ebenfalls sehr passend an Böhmen und hat zusammen mit seinen Programmatikern Camerarius und Christian von Anhalt ebensolche großstaatlichen Ziele verfolgt. Aber mit der verlorenen Schlacht am Weißen Berg beendete 1621 eine einzige Niederlage die kurze Karriere dieses »Winterkönigs«, der geächtet auch aus seinem eigenen Kurstaat vertrieben wurde und einen Teil seiner Stammlande für immer verlor. Die vereinten Habsburger, hinter denen die spanische Militärmacht stand, aber hätten sich von einem sächsischen Kurfürsten so wenig wie von einem pfälzischen die böhmische Krone kampflos abnehmen lassen. Wie auch immer das ausgegangen wäre, hätte es dem sächsischen Land mit Sicherheit schon früher den großen Krieg und ein ganzes Kriegsjahrzehnt mehr eingetragen, denn wie in den meisten klug regierten deutschen Territorien begann der Krieg im eigenen Lande in Sachsen erst um 1630. So aber gewann der sächsische Kurfürst an der Seite des Kaisers mit ungleich geringerem Risiko und Aufwand statt fünf böhmischer Länder immerhin zwei dazu. Die historisch und sprachlich dem sächsischen Kulturkreis näherstehenden beiden Lausitzen wurden zunächst in Pfandbesitz genommen, durch alle Konstellationen des Krieges gerettet und dem Kurfürsten schließlich im Westfälischen Frieden als Besitz bestätigt. Das entsprach den Zugewinnen Bayerns und Brandenburgs, war die letzte bleibende, sehr behutsam integrierte Erwerbung der sächsischen Geschichte und gab Sachsen seine endgültige geschlossene Gestalt. Wäre dieses Prädikat nicht schon für einen anderen sächsischen Kurfürsten vergeben, der eine Krone ausgeschlagen hat, sollte man Johann Georg I. »den Weisen« nennen.

Der europäische Staatsbildungsprozeß stellte die deutschen Territorien jedoch noch vor eine andere Herausforderung. Das europäische Staatensystem entstand erst als Resultat des Krieges, und zwar eigentlich als Friedenskompromiß zwischen drei Mächten, von denen jeder lieber Europa allein dominiert hätte: Die Habsburger, Frankreich oder aber Schweden. Zum deutschen Hauptproblem wurde der Schwedenkönig, der als Glaubensheld mit Ostseeinteressen gelandet war, der aber nun wie ein reichesammelnder Völkerwanderungskönig einen Kriegszug durch ganz Deutschland unternahm. Wir wissen heute, daß tatsächlich eine großgotische Ideologie dahintersteckte.[14] Dazu schloß Gustav Adolf Bündnisse mit den deutschen Fürsten. Ein Pro-

Der Schwedische Bund von 1632

pagandablatt zeigt als »Schwedischen Bund« 1632 auf einem Kleeblatt Gustav Adolf mit den beiden durch ihre Wappen ausgewiesenen Kurfürsten von Sachsen zur Rechten und Brandenburg zur Linken. Über ihnen waltet die Vorsehung, während sich im Hintergrund schon die Heerscharen sammeln. Das unverbrüchliche Band der Einheit umschließt sie. Aus bilateralen Bündnissen macht die Propaganda einen schon multilateralen und institutionalisierten »Bund«, der als »schwedisch« firmiert und schon für eine Großreichbildung wirbt. Die viel gescholtene wirkliche Position des sächsischen Kurfürsten, der sich einem Schwedenbündnis nicht ganz entzog, aber als letzter kam und als erster wieder ging, bekommt vor solchen politischen Programmen Sinn.[15] Einige Bündnisverträge Schwedens mit deutschen Fürsten waren so formuliert, daß schon die weitere Mitgliedschaft im Reichsverband in Frage gestellt war. Demgegenüber hat Sachsen den sogenannten Vertrag von Coswig von 1631 politisch so zurückhaltend gefaßt, daß er sich mehr wie ein Austauschen bloßer Militärkonventionen zur Aufrechterhaltung von Reichsverfassung und Landfrieden gegen den keiner Kriegspartei zugeordneten General Tilly handele. Einer rechtsverbindlichen Einungs- oder Bündnisterminologie wird mit der Formulierung, beide wollten gegen Tilly »vor einen Mann stehen«, ausgewichen, und das auch noch mit der Einschränkung »solange die Gefahr vor dem Feinde währen wird«.[16] Dem Heilbronner Bund, mit dem nach dem Tod des Königs der schwedische Reichskanzler Axel Oxenstierna die Politik weiterführen wollte, ist die sächsische Politik am Ende ganz ferngeblieben.[17] Damit aber wird auch klar, warum Sachsen weder eine Beteiligung an einem selbständigen Staat Böhmen noch an einem schwedisch-deutschen Bundesstaat auch nur in Betracht gezogen hätte. Das Kurfürstentum war nicht irgendein Land, sondern ein Glied des Reiches und wichtigster deutscher Reichsstand – und hat auch danach gehandelt.

Zwischen Reichskrieg und Reichsfrieden – Kursachsen als Signalgeber

»Ich fürchte Gott, liebe Gerechtigkeit und ehre meinen Kaiser«, lautet die gern zitierte Devise Johann Georgs I., die redlich, aber auch etwas bieder klingt.[18] Eine soeben auf Deutsch erschienene Darstellung des Dreißigjährigen Krieges aus Schweden variiert das folgendermaßen: »Sein Hauptinteresse war das Wohlergehen Sachsens, die Einheit Deutschlands sowie die Jagd«, und fügt ein bißchen boshaft hinzu »doch nicht notwendigerweise in dieser Reihenfolge«.[19] Das ist scherzhaft, trifft aber durchaus zu, wenn auch wohl anders als gedacht. An erster Stelle gestanden haben wird der Kaiser und die Einheit Deutschlands, die man im 17. Jahrhundert zusammen das Heilige Römische Reich Deutscher Nation nannte. Die Bindung Johann Georgs an den Kaiser wird seit dem 19. Jahrhundert zumeist nur kopfschüttelnd zur Kenntnis genommen und als persönliche Marotte, dynastische Beziehung oder gar anachronistisch als ein enger Anschluß an »Österreich« oder »österreichfreundliche Politik« mißverstanden.[20] In Wahrheit war es ein verfassungsmäßiges Rechtsverhältnis, zwischen Reichsoberhaupt und Reichsstand, und zwar eines Kurfürsten, der zur Kaiserwahl und Mitregierung des Reiches berufen war. Entsprechend war die kursächsische Politik auch im Dreißigjährigen Krieg keineswegs nur Territorialpolitik, sondern Reichspolitik. Das hat soeben Frank Müller in einer großen archivalischen Fallstudie zur sächsischen Reaktion auf den böhmischen Aufstand wiederentdeckt und Kontinuitätslinien reichsständischer Politik Sachsens vom 16. Jahrhundert bis an die Schwelle des Prager Friedens gezogen. Gerade dort aber wird sie eigentlich so deutlich, daß es nicht einmal einer neuen Archivrecherche bedarf – so willkommen die wäre.

Aus dem reichsbedenklichen Schwedenbündnis von 1631 heraus hatte Kursachsen praktisch permanent mit der kaiserlichen Seite verhandelt, und zwar um einen Gesamtfrieden für das Reich. Aus Praktikabilitätsgründen schloß man aber am 24. November 1634 den bilateralen Vorfrieden von Pirna mit Regelungen für den Kurstaat wie für das Gesamtreich und am 30. Mai 1635 den größten und folgenreichsten Teilfrieden dieses Krieges, den Frieden von Prag, der mit einem Religions- und Verfassungskompromiß den Reichsfrieden wiederherstellte. Ausgehandelt und abgeschlossen aber wurde auch dieser Friede nur zwischen Kaiser und Kursachsen. In einem um Anschluß werbenden illustrierten Friedensblatt ist schön festgehalten, wie das gedacht war. Der »Cäsar« genannte Kaiser und der als »Saxo« gekennzeichnete Kurfürst nehmen das Heilige Römische Reich in ihre Mitte, dargestellt durch eine Frauenfigur, deren Schoß den Frieden birgt (vgl. S. 10). Das ist natürlich kein Vertrag zwischen zwei europäischen Mächten – für eine solche Gleichordnung wäre dann doch Habsburg zu groß und Sachsen zu klein gewesen –, sondern zwischen zwei Funktionsträgern des Reiches, dem Reichsoberhaupt und dem Repräsentanten der Reichsstände. Dazu prädestinierte Sachsen der oberste Rang unter den das Schwert führenden weltlichen Kurfürsten wie seine praktische politische Führungsstellung und Vermittlungsposition in diesem Kriege. Alle anderen Reichsstände wurden von den vertragsschließenden Parteien aufgefordert, sich unverzüglich diesem Reichsfrieden anzuschließen – und haben es tatsächlich fast vollständig getan, allen voran das reformierte Kurbrandenburg und das katholische Kurbayern. Bis heute meist nicht richtig erkannt ist, daß Kursachsen hier auf den Höhepunkt seiner Reichspolitik gelangte und zum Signalgeber für den Frieden zwischen Kaiser und Reichsständen geworden ist, der die deutsche Einheit wiederherstellte.

Nun hat dieser innere Reichsfrieden Deutschland den Frieden nicht gebracht, aber das war in dem von Schweden und Frankreich besetzten Land auch nicht möglich, und dazu war er auch nicht geschlossen worden – im Gegenteil. Die Truppen der Kurfürsten und Fürsten wurden in einer Reichsarmee zusammengefaßt, die nun »mit vereinter Macht« gegen die »auswärtigen Potentaten und Nationen« vorgehen sollte. »Denn dieser Friede wird zu dem Ende gemacht, damit die werte Teutsche Nation zu voriger Integrität, Tranquilität, Libertät und Sicherung«

Flugblatt auf den Frieden von Prag 1635

zurückgeführt werde, heißt es in diesem kaiserlich-sächsischen Vertragstext, und er setzt bekräftigend hinzu: »So lang und viel auch, bis das selbige zu Werk gerichtet, soll nicht geruhet noch gefeiert werden«.[21] Das war nicht frivol, wie es angesichts der Länge des folgenden Kriegsabschnittes fast klingen könnte, sondern hatte zunächst eine gute Chance, gelang es doch der kaiserlich-sächsischen Armee nun, die Schweden fast an den Ostseerand zurückzudrängen, so daß fast ganz Mittel- und Norddeutschland wieder frei war. Aber schon im nächsten Jahr, am 4. Oktober 1636, erlitt die kaiserlich-sächsische Reichsarmee in der Schlacht von Wittstock eine schwere und blutige Niederlage, und nun begann aufs neue das Auf und Ab des Kriegstheaters mit seinen schrecklichen Folgen quer über ganz Deutschland. Ein Reichsstand nach dem anderen sprang der Not gehorchend von der gemeinsamen Sache wieder ab, nach dem Regierungswechsel zum Großen Kurfürsten 1640 bald auch Brandenburg, und am Ende blieb dem fast ganz besetzten Sachsen selbst nichts anderes übrig, als mit den Schweden ein Übereinkommen zu treffen. Man kann es allerdings auch andersherum sehen: einer nach dem anderen erkannte, daß der Krieg nicht zu gewinnen war und für Deutschland mittlerweile jeder Friede besser war als den Krieg fortzusetzen.

Der Waffenstillstand, der am 27. August 1645 vor den Toren Dresdens im Pfarrhaus zu Kötzschenbroda zwischen Kursachsen und dem schwedischen General Königsmarck abgeschlossen wurde, zeigt dieses Doppelgesicht. Der älteren Literatur war er das »Fiasko von Kötzschenbroda«[22], während er heute fast schon als Friedensschluß gefeiert wird. Heinz Duchhardt hat zu Recht darauf hingewiesen, daß man ein auf sechs Monate befristetes Abkommen über Einzelheiten einer erzwungenen Waffenruhe in seiner Rechtsqualität mit einem Frieden nicht vergleichen kann, schon gar nicht mit dem Westfälischen Frieden.[23] Aber als »Vorspiel« für den allgemeinen »Friedens-Schluß« hat ihn schon eine Kircheninschrift von 1678 gepriesen[24], und als Friedenssignal des Dresdner Hofes kann man ihn gar nicht überschätzen. Denn ein Waffenstillstand auch seines getreuesten Partners mußte den Kaiser daran erinnern, daß der Weg zum Frieden nun entschlossen beschritten werden mußte. Die oft entgegenstehenden gesamthabsburgischen Interessen machten solche Erinnerungen der Reichsstände nötig, und die zur Schadensbegrenzung anreisende kaiserliche Diplomatie zeigt, daß die Warnung angekommen war. Auf der anderen Seite aber ließ der Kurfürst auch den Kontakt zum Kaiser nicht abreißen und handelte trotz der Notsituation sogar aus, daß drei sächsische Regimenter verfassungsgemäß bei der Reichsarmee bleiben konnten. Es war dies ein Signal, das – hier möchte man wirklich sagen in seiner Dialektik – besagte: wir kehren uns vom Krieg ab, nicht aber von Kaiser und Reich. In der Tat gab es auch auf dem Friedenskongreß und über den Frieden hinaus keinen Bruch in der kooperativen ständischen Reichspolitik Kursachsens.[25]

So blieb eigentlich das von Kaiser und Reich erprobte Kooperationsmodell von Prag, sowenig es den erwünschten militärischen Erfolg gebracht hatte, doch das Verfassungsmodell für den Westfälischen Frieden. Die Fachhistoriker der Frühen Neuzeit wissen heute, daß die Zeit danach keineswegs von »Kleinstaaterei« und »Zersplitterung« geprägt war, wie man so lange meinte. Denn die deutschen Fürsten waren nicht nur Territorialherren, sondern Reichsstände und bekamen das Recht verbrieft, in den zuständigen Gremien über die gemeinschaftlichen Angelegenheiten zu beraten und zu beschließen. So wurde der Westfälische Frieden zu einer föderalen Verfassung, die dadurch gekennzeichnet ist, daß die staatlichen Aufgaben teils auf der Länderebene, teils aber auch in den länderübergreifenden Institutionen von Reich oder Bund wahrgenommen werden.[26] Soweit es diese Institutionen bereits gab, waren sie im Dreißigjährigen Krieg nur noch beschränkt arbeitsfähig. Daß dieses deutsche Verfassungsprinzip gleichwohl über die Katastrophe des Dreißigjährigen Krieges gerettet und in ihm noch weiter ausgebaut worden ist, gehört zu den oft übersehenen Beiträgen der kursächsischen Politik zur deutschen Geschichte, die bis heute wirksam geblieben sind.

Anmerkungen

1) Anders Volker Ruhland, Der Dreißigjährige Krieg und Kursachsen, in: Sächsische Heimatblätter 40 (1994), S. 325–334 sowie Ders., Böhmische Exulanten in Dresden im Dreißigjährigen Krieg, in: Dresdner Hefte 14 (1996), Heft 4, S. 11–19, hier 11–14.

2) Vgl. Johannes Burkhardt, Der Dreißigjährige Krieg, Frankfurt/M. 1992 (edition suhrkamp, Neue Folge 542). Zum Forschungsstand verweise ich pauschal auf: Johannes Burkhardt, Das größte Friedenswerk der Neuzeit. Der Westfälische Frieden in neuer Perspektive, in: Geschichte in Wissenschaft und Unterricht 10 (1998), S. 592–612, mit annotierter Auswahlbibliographie.

3) So Karlheinz Blaschke, Sachsen im Dreißigjährigen Krieg, in: Sächsische Heimatblätter 6 (1995), S. 329–334, hier S. 329. Aus anderen Gründen mit »mehrmaligen skrupellosen Frontwechseln« nicht einverstanden war zum Beispiel Rudolf Förster u. a., Dresden. Geschichte der Stadt in Wort und Bild, Berlin 1985, S. 35.

4) Frank Müller, Kursachsen und der Böhmische Aufstand 1618–1622, Münster 1997, S. 46–65. Nach Wiener Ansicht war es vor allem der Ratspräsident Caspar von Schönberg, von dem Kursachsen »totaliter dependiret« (S. 61).

5) Hans Heberle, Zeytregister, Bl. 8, ediert als Gerhard Zillhardt, Der Dreißigjährige Krieg in zeitgenössischer Darstellung, Ulm 1975, S. 93.

6) Müller, Kursachsen (wie Anm. 4), S. 63.

7) Reinhard Heydenreuter, Reiner Groß und Anna Miksch, Zwischen Konfessionalisierung und aufgeklärtem Absolutismus: Geschichte Bayerns und Sachsens vom 16. bis 18. Jahrhundert, in: Bayern und Sachsen in der Geschichte. Wege und Begegnungen in archivalischen Dokumenten (Ausstellungskatalog), hg. von den Staatlichen Archiven Bayerns, München 1994, S. 138–217.

8) Hieronymus von Elvern an Ferdinand II., 23. Februar 1620. Haus-, Hof- und Staatsarchiv Wien, Österreichische Akten/Böhmen 69. Zitiert nach Frank Müller, Kursachsen (wie Anm. 4), S. 126.

9) Vgl. generell das scharfsinnige neue Grundlagenwerk von Frank Müller, Kursachsen (wie Anm. 4), das den politischen Motiven Priorität zuspricht und eine anregende zeitlich und sachlich ausdifferenzierte Strukturanalyse der Argumente und Programmatik bietet.

[10] Vgl. generell dazu Johannes Burkhardt, Konfession als Argument in den zwischenstaatlichen Beziehungen, in: Heinz Duchhardt und Johannes Kunisch (Hg.), Rahmenbedingungen und Handlungsspielräume europäischer Außenpolitik im Zeitalter Ludwigs XIV., Berlin 1991, S. 135–154.

[11] Das 1998 eröffnete Museum des Dreißigjährigen Krieges in Wittstock/Brandenburg zeigt in einer ständigen Dioramaschau eine vom Autor erstellte und kommentierte Folge solcher Flugblätter.

[12] Vgl. dazu Johannes Burkhardt, Dreißigjähriger Krieg (wie Anm. 2), S. 74–90.

[13] Johannes Burkhardt, Der Dreißigjährige Krieg als frühmoderner Staatsbildungskrieg, in: Geschichte in Wissenschaft und Unterricht 8 (1994), S. 487–499.

[14] Vgl. dazu Johannes Burkhardt, Dreißigjähriger Krieg (wie Anm. 12), S. 51–62 sowie als Forschungsüberblick Sverker Oredsson, Geschichtsschreibung und Kult. Gustav Adolf, Schweden und der Dreißigjährige Krieg, Berlin 1994.

[15] Die »schwachmütige Halbheit der sächsischen Politik« gegenüber Gustav Adolf habe »schon immer das Mißfallen jeder historischen Kritik gefunden«, betonte bereits Rudolf Kötzschke und Helmut Kretzschmar, Sächsische Geschichte, 1. Aufl. 1935, Frankfurt/M. 1965, S. 246. Auf Umwegen bis heute tradiert, steht eine grundlegende Revision solcher Bewertungen noch aus.

[16] Der Coswiger Vertrag in Johann Christian Lünig, Das Teutsche Reichs-Archiv, 24 Bde., Leipzig 1710–1728, Bd. 5, S. 163f. Nach Zitierregel Repgen: TRA V, 2, 164f. (Pars specialis [Abschnitt 2, = Abt. 4, Absatz 2]).

[17] Vgl. Herbert Langer, Der Heilbronner Bund (1633–1635), in: Volker Press (Hrsg.), Alternativen zur Reichsverfassung in der Frühen Neuzeit? (Schriften des Historischen Kollegs, Kolloquien 23), S. 113–122.

[18] So Blaschke, Sachsen (wie Anm. 3) im Dreißigjährigen Krieg, S. 329.

[19] Peter Englund, Die Verwüstung Deutschlands. Eine Geschichte des Dreißigjährigen Krieges (schwed. Orig. 1993), Stuttgart 1998, S. 111.

[20] So ähnlich mehrfach die sonst verdienstvolle Archivarbeit von Theodor Schulze, Die kursächsische Politik und der böhmische Aufstand, Borna–Leipzig 1904, Einl. und S. 112.

[21] Vgl. die griffige Teiledition bei Fritz Dickmann (Bearb.), Renaissance, Glaubenskämpfe, Absolutismus. Geschichte in Quellen, München 3. Aufl. 1982, S. 326–330, hier S. 328f.

[22] Kötzschke/Kretzschmar, Sächsische Geschichte (wie Anm. 15), S. 250.

[23] Heinz Duchhardt, Kötzschenbroda 1645 – ein historisches Ereignis im Kontext des Krieges und im Urteil der Nachwelt, in: Sächsische Heimatblätter 6 (1995), S. 323–329, hier S. 326. Die näheren Hintergründe bei Karl Gustav Helbig, Die sächsisch-schwedischen Verhandlungen zu Kötzschenbroda und Eilenburg 1645–1646, in: Archiv für sächsische Geschichte 5 (1867), S. 264–288.

[24] »Das Pfarrhaus sah dieß Orts die großen Leute schließen/Und mit so weisem Rath das Vaterland durchsüßen/Biß daß der Friedens-Schluß dieß Vorspiel gut gemacht/Und uns den Palmen-Krantz nachgehends zugebracht«, zitiert bei Alfred Finsterbusch, Der Waffenstillstand zu Kötzschenbroda, in: Bunte Bilder aus dem Sachsenland, Leipzig 1908, S. 115–119, hier S. 119.

[25] Das erkannte auch noch Kretzschmar, bewertete es aber negativ. Kötzschke/Kretzschmar, Sächsische Geschichte (wie Anm. 15), S. 251.

[26] Vgl. dazu Burkhardt, Friedenswerk (wie Anm. 2), S. 597–602 und Ders., Dreißigjähriger Krieg (wie Anm. 2), S. 108–127.

Reiner Gross

Johann Georg I. und seine Residenz im Dreißigjährigen Krieg

In dem Nürnberger Verlag des Buch- und Kunsthändlers Johann Hoffmann erschien 1680, gedruckt durch den weithin bekannten Nürnberger Drucker Christian Siegmund Froberger, die bis dahin bedeutendste Chronik zur Dresdner Stadtgeschichte. Der Geheime Sekretär und Archivar des Geheimen Archivs Anton Weck pries dreißig Jahre nach dem Ende des europäischen Kriegsdramas die Residenz seines Kurfürsten mit den Worten: »Dieser Ort besteht jetziger Zeit im Namen Dresden in zweien Städten, als Neu- und Alt-Dresden. Unter diesen beiden ist das Neu-Dresden dem Alten so gerne vorzuziehen, indeme selbiges nicht allein realiter fortificiert mit hohen und starken Wällen, stattlichen Bastionen, Casamatten ..., sondern auch fürnemlich die Bastions mit geraumer Stück-Ständen, sehr starken doppelten Gewölben und Contraminen unter der Erden ... versehen ..., daß vielleicht wenig oder keine Vestung, so diese an Kostbarkeit und Kunst übertreffen sollte, weit und breit zu finden. ... Diese Residentz-Stadt nun ist gleichergestalt daher berühmt, weil für allen andern Städten im Kurfürstentum Sachsen und zugehörigen Landen von prächtigen Chur- und Fürstlichen, ja Königlichen und andern kostbaren Gebäuden eine gute Menge alda zu befinden ist und sonsten innerhalb der Ringmauer der Ort in 36 Gassen, groß und klein bestehet, auch an zwei Marktplätzen wohlerbaute privat und gemeine Häuser hat, deren teils schön angelegt und die meisten unten gewölbet, durchgehends auch gegen alle besorgliche Feuers-Gefahr mit festen Brandmauern wohlverwahret und drei – auch vier Geschoß hoch, ganz steinern erbauet sind.«

Es ist die Renaissancestadt, die im Verlaufe des 16. Jahrhunderts von Herzog Georg sowie von den Kurfürsten Moritz und August geprägt und von der Dresdner Bürgerschaft gestaltet und gebaut wurde. Die seit 1485 in den Rang einer fürstlichen Residenz erhobene Stadt war seit der Regierungszeit von Kurfürst Moritz mit mächtigen Befestigungsanlagen nach italienischer und im ersten Drittel des 17. Jahrhunderts niederländischer Fortifikationskunst versehen worden. 1591 war der Festungsbau in Dresden-Altstadt im wesentlichen abgeschlossen. Unbefestigt blieb bis in die Jahre des Dreißigjährigen Krieges die rechtselbische Ansiedlung Altendresden, die bereits von Kurfürst Moritz im Jahre 1550 als »Neudresden« in die Stadt eingemeindet worden war. Als in der zweiten Hälfte der zwanziger Jahre des 17. Jahrhunderts für den sächsischen Kurfürsten und seine Ratgeber abzusehen war, daß die militärischen Aktivitäten von Liga und Union trotz aller diplomatischen Bemühungen auch das Kurfürstentum Sachsen in Mitleidenschaft ziehen würden, wandte man sich der weiteren Befestigung der Städte zu. Das galt beson-

Kaiser Matthias II. (1557–1619), Stich nach 1612

ders für »Neudresden«, dessen Eingemeindung am 14. Juli 1627 von Kurfürst Johann Georg I. nochmals ausdrücklich bestätigt wurde. Der seit dem März 1625 als Kriegsingenieur, Kartograph, Architekt und künstlerischer Vedoutenzeichner in kursächsischen Diensten stehende Wilhelm Dilich, vorher bei Landgraf Wilhelm V. von Hessen-Kassel angestellt, legte bald entsprechende Befestigungspläne vor.[1] Deren Realisierung wurde aber erst begonnen, als nach der Schlacht von Breitenfeld (17. September 1631), erstmals im Verlauf des Krieges, feindliche kaiserliche Truppen im Gelände vor Dresden auftauchten. Etwa 500 kroatische Reiter versuchten am 30. September 1631, Altendresden einzunehmen, ein Versuch, der erfolglos blieb. Bei ihrem Rückzug verwüsteten sie die Ortschaften Bühlau und Weißig.

Auf kurfürstlichen Befehl vom 9. November 1631 wurden ständige Wachen in den Vorstädten postiert. Mit hohem Kosten-, Material- und Arbeitsaufwand begann man den Festungsbau für Altendresden, wozu Bauern aus den Ämtern Meißen, Pirna und Dresden verpflichtet wurden. Die noch 1631 begonnenen Schanzarbeiten wurden 1632 fortgesetzt, wobei man zusätzlich zu den Festungsanlagen der Altstadt vor den Vorstädten in einem großen Halbkreis weitere Feldbefestigungen anlegte. 1634 waren die Schanzarbeiten abgeschlossen. Schon zwei Jahre vorher hatte der kaiserliche Feldmarschall-Leutnant Heinrich Holk versucht, nach der Einnahme Leipzigs durch Tilly, auch die kursächsische Residenz zu erobern. Das scheiterte am Kanonenfeuer der Festung und am bewaffneten Widerstand der in den Vorstädten stationierten Defensioner. Dresden bewahrte sich damit seinen Ruf als uneinnehmbare Festung. Trotzdem waren die angerichteten Verwüstungen in den Vorstädten groß. Anton Weck berichtete in seiner Chronik noch aus eigenem unmittelbaren Erleben, daß die Vorstädte »an Häusern und Gärten fast ganz und so zur Einöde geworden [seien], daß, wenn man außerhalb der Festung vorm Wilsdruffer Tore an die Elbe gehen wollte, man allenthalben hinein ins freie Feld und die Dörfer liegen sehen konnte.«[2] Als Kurfürst Johann Georg I. mit seinen Truppen im September 1633 vom Feldzug nach Böhmen zurückkehrte, quartierte er ständig Truppenteile in die Stadt ein. Auch das trug dazu bei, daß bis zum Ende des Krieges die kursächsische Residenz von weiteren kriegerischen Ereignissen, Belagerungen und Plünderungen verschont blieb. Der Frieden von Kötzschenbroda brachte schließlich die Errichtung einer Drei-Meilen-Zone um die Stadt, die nicht von schwedischen Truppen betreten werden durfte.

Magdalene Sibylle, Kurfürstin von Sachsen, zweite Gemahlin Johann Georg I., Kupferstich 1630

Trotzdem waren die Einwohner der Stadt zunehmend von den vielen Belastungen des Krieges betroffen. Zur Bestreitung der Kriegskosten erhöhten sich die Steuern. Auf jedem Land- und Ausschußtag, mit dem Landtag 1622 beginnend, forderte der Kurfürst neue Steuerbewilligungen, die nach langwierigen Verhandlungen in der Kurie der Ritterschaft und der Kurie der Städte auch durchgesetzt wurden. Auf dem Landtag von 1622 war in Anbetracht des Kriegsverlaufs für die Residenz eine besondere Steuer zur Erhaltung der in der Festung Dresden befindlichen Garnison, der sogenannten Stadtguardie, bewilligt worden. Dafür mußten die Bürger der umliegenden sächsischen Städte nicht persönlich die Bewachung der Festung Dresden übernehmen. Auf dem Landtag von 1628 verlangte der Kurfürst die Verlängerung dieser Steuer um weitere sechs Jahre sowie die Bezahlung des rückständigen Steuerbetrages in Höhe von 26 000 Talern.[3] Dafür legte Kurfürst Johann Georg I. fest, daß die folgenden Landtage immer nach Dresden einberufen werden. In den schweren Kriegsläufen war die Residenz ein sicherer Aufenthaltsort.

Zu den ständig steigenden Steuerlasten kamen die Münzverschlechterungen zu Beginn der zwanziger Jahre in der »Kipper- und Wipper-Zeit« sowie die abnehmenden Bevölkerungszahlen. Dresden hatte im Verlauf des 16. Jahrhunderts bis zum Beginn des Dreißigjährigen Krieges ständig steigende Einwohnerzahlen aufzuweisen. Um 1550 lebten in der Stadt ca. 8000 Menschen. Zu Beginn des langen Krieges gab es ca. 15 000 Bewohner. Diese zunehmende Zahl wurde trotz der Bevölkerungsverluste durch Seuchen in den Pestjahren 1564, 1577, 1584–1585 erreicht. Die Pest traf aber dann in den dreißiger Jahren des 17. Jahrhunderts die Bevölkerung der Residenz besonders hart. In den Jahren von 1631 bis 1634 gab es in Dresden etwa 7000 Pesttote, d. h., die Dresdner Einwohnerzahl verringerte sich um die Hälfte. 1637 raffte die Pest in Dresden nochmals 1096 Menschen hinweg. Für das Jahr 1641 vermeldet eine Dresdner Chronik gar nur noch 308 ansässige Bürger.[4] Das hatte natürlich große Auswirkungen auf die Verteidigungsfähigkeit der Stadt, die Aufbringung der Steuern und die Wirtschaftskraft der Kommune.

Kurfürst Johann Georg I. mit Ansicht von Dresden,
Deckfarbenmalerei von D. Brettschneider d.Ä. um 1650

Je länger der Krieg dauerte, um so mehr verfiel die städtische Wirtschaft und verarmten die Bürger. Das drastischste Beispiel bot die Zunft der Leineweber. Arbeiteten 1621 noch 90 Meister in diesem Gewerbe, so waren es 1647 ganze elf. Groß war die Zahl der in der Stadt umherziehenden Bettler. 1639 zählte der Rat 1400 »Nichtstuer«.[5] Als im Verlauf des Krieges nach 1632 die Umgebung Dresdens von großen Truppendurchzügen kaiserlicher Regimenter und später schwedischer Verbände, von plündernden und marodierenden Soldaten beider Kriegsparteien heimgesucht wurde, versuchten sich viele Dorfbewohner hinter die schützenden Mauern der Festung Dresden zu retten.

Einen dauerhaften Bevölkerungszuwachs erlebte Dresden schließlich durch die nach Kursachsen strömenden Menschen evangelischer Konfession aus dem benachbarten Königreich Böhmen. Nach der militärischen Niederlage der aufständischen böhmischen Stände im Bündnis mit der Union in der Schlacht am Weißen Berge bei Prag am 8. November 1620 setzte in Böhmen eine großangelegte Verfolgung und Vertreibung der Protestanten durch Kaiser Ferdinand II. und seine Anhänger ein. Besonders der Grundbesitz des evangelischen Adels und der Besitz des vermögenden Städtebürgertums wurde nach 1622 in großem Umfang konfisziert. Diesen Repressalien entzogen sich viele der böhmischen Protestanten durch Auswanderung. Im Laufe des Dreißigjährigen Krieges verließen etwa 150 000 Menschen, die sich nicht erneut zur römischen Kirche bekennen wollten, ihre Heimat. Diese Auswanderung ging zunächst und vor allem über Kursachsen. Die Auswanderer, bald als Exulanten (Verbannte) bezeichnet, fanden in der Oberlausitz sowie im Erzgebirge, im Vogtland und in zahlreichen sächsischen Städten eine neue Heimat. Etwa 80 000 Exulanten siedelten sich in Kursachsen an, die andere Hälfte ging in die Niederlande, nach Brandenburg, in die Schweiz und nach Siebenbürgen. Durften die Exulanten am Anfang noch ihr Besitztum verkaufen und das erlöste Geld mit ins Exil nehmen, so wurden sie später von Haus und Hof vertrieben. Sie erhielten dafür den Exulantenstab, einen zwei Ellen langen vierkantigen Stecken, der auf jeder Fläche Inschriften trug und sie als Unchristen, Ungehorsame und Landesverwiesene kennzeichnete.

Nach dem Erlaß des kaiserlichen Ediktes vom 31. Juli 1627, das allen nichtkatholischen Personen in Böhmen den Aufenthalt kategorisch untersagte, wurde der Zustrom böhmischer Exulanten besonders stark. Neben Zittau und Pirna war es vor allem Dresden, das für viele von ihnen ein erster Zielort war. Wenn auch ihre Ansiedlung im Kurfürstentum im allgemeinen recht großzügig gehandhabt wurde, so bedurfte es für eine beabsichtigte Niederlassung in der Residenzstadt Dresden eines Antrages beim Stadtrat, wobei sich der Kurfürst die letzte Entscheidung vorbehielt. In Dresden wurde die Erteilung des Wohnrechts außerordentlich strengen Regeln unterworfen, zumal man die Residenz und Hauptfestung Dresden in Zeiten möglicher militärischer Auseinandersetzungen nicht mit Fremden überlasten wollte. Als Beispiel mag der Versuch des aus Prag nach Dresden gekommenen Schuhmachers Hans Heinrich Blume gelten. In seinem Gesuch vom August 1627 schrieb er an den Kurfürsten, daß er »nicht umbgehen [könne], was maaßen auch Ich neben anderen und der wahren evangelischen Religion willen von Prage (alda ich 5 Jahre Keyserlicher Hoffschuhmacher und 8 Jahr Bürger und Stadtmeister gewesen) und aus dem Königreich Behemb vertrieben worden«.[6] Selbst diesem Hofhandwerker und angesehenen Prager Bürger wurde am 27. September 1627 die Aufenthaltsgenehmigung für

Dresden verweigert, mit der Maßgabe, er solle sich eine andere sächsische Stadt »ansehen« und sich dort beim Stadtrat anmelden. Zahlreiche Exulanten erhielten aber doch Wohnrecht in der Stadt und in den Vororten. Letztlich waren es so viele, daß ihre Nachkommen eine Böhmische Gemeinde vor den Toren von Altendresden gründen konnten. Mit fortschreitender Kriegsdauer kam es zu einer starken Zunahme von Fremden in der Stadt, so daß sich der Stadtrat genötigt sah, unter dem 6. November 1635 eine »Ratsordnung gegen fremd Volk« zu erlassen.[7] Durch die Zuzüge und die Gewährung von Wohn- und Bürgerrecht wurden die starken Bevölkerungsverluste immer wieder annähernd ausgeglichen.

Dresden war im Verlauf des Dreißigjährigen Krieges aber nicht nur eine von den Lasten und Fährnissen des Krieges betroffene Stadt. Es war als Residenz des Kurfürstentums Sachsen auch das Zentrum sächsischer Politik und der Diplomatie zwischen kaiserlicher Liga und protestantischer Union und damit Ort einer nach wie vor aufwendigen und z. T. prächtigen Hofhaltung. Diese zweite Seite Dresdner Geschichte wurde vom Kurfürsten nachdrücklich bestimmt. Als der Krieg im Mai 1618 ausbrach, war der Wettiner 33 Jahre alt, lebte seit 1607 in zweiter Ehe mit Magdalena Sibylla, Tochter des Herzogs Albrecht Friedrich in Preußen und war Vater von drei Töchtern und vier Söhnen. Das wettinisch-albertinische Kurfürstentum regierte er seit dem Tod seines älteren Bruders Christian II., der am 23. Juni 1611 in Dresden »nach einem zu raschen Trunke», wie es vom Hofchronisten mit vorsichtigen Worten überliefert ist, vom Schlage gerührt wurde und mit nicht ganz 28 Jahren starb. Dafür regierte dann sein jüngerer Bruder Johann Georg um so länger, 45 Jahre bis zu seinem Tod am 8. Oktober 1656. Zeitgenossen und Nachwelt waren sich bis in die jüngste Vergangenheit relativ einig, daß dieser albertinische Wettiner den großen politischen Anforderungen seiner Zeit nicht so recht gewachsen war. Eine sorgfältige Erziehung mit Bildungsreisen nach Italien sowie eine frühzeitige Einbeziehung in die Verwaltungsgeschäfte des Staates hatten ihn für die Regierungsaufgaben sehr wohl befähigt. Sein Handeln bleibt strittig. Das betraf einmal die wohl nicht energisch genug vertretenen kursächsischen Ansprüche in der Jülich-Klevischen Erbangelegenheit. Ferner wurde die nach dem Tod von Kaiser Matthias 1619 vorhandene Chance der territorialen Ausdehnung nach Böhmen und Schlesien sowie der damit im Zusammenhang stehenden Wahl eines neuen Kaisers aus dem Hause Wettin entweder nicht erkannt oder bewußt darauf verzichtet.[8] Zum dritten schließlich konnte die schon vor 1618 angestrebte Neutralität zwischen Kaiser, Liga und Union nicht verhindern, daß Kursachsen nach 1631 zu einem Hauptkriegsschauplatz des Dreißigjährigen Krieges wurde und dem Lande großen Schaden brachte. Eines gelang Johann Georg aber nach mehrfachem Wechsel der Kriegsparteien, mit dem Prager Frieden vom 30. Mai 1635 die böhmischen Markgraftümer Nieder- und Oberlausitz dem kursächsischen Staat dauerhaft einzuverleiben. Für die Residenz Dresden bedeutete dies, daß man von einer geographischen Randlage nunmehr in die Mitte des Kurfürstentums rückte. Dies hat der Stadt bald wirtschaftlichen Nutzen gebracht.

Der sächsische Kurfürst war einer der vier deutschen Fürsten, die entscheidenden Einfluß auf die politischen Entwicklungen im Verlauf des Großen Krieges nahmen. Der Habsburger Ferdinand von Steiermark war der Anwärter auf den Kaiserthron, Kurfürst Friedrich V. von der Pfalz war das Haupt der Partei der »deutschen Libertät«. Keiner von beiden trat für die Interessen der deutschen Nation ein, sondern verfolgten eigene politische Ziele. Zwischen diesen Extremen standen zwei Fürsten, die sich bemühten, auch die deutschen Angelegenheiten zu vertreten. Ihre Entscheidung für die eine oder die andere Seite gab den Ausschlag.

»Johann Georg, Kurfürst von Sachsen, ein junger Dreißiger, blond, breitschultrig, mit einem rötlichen offenen Gesicht, war in seinen Ansichten konservativ und patriotisch. Er trug einen Bart nach Landesart, hatte kurzgeschorene Haare und verstand kein Wort Französisch. Seine Kleidung war gediegen, einfach und von gutem Geschmack, wie sie einem Fürsten ziemte, der auch ein guter Christ und Familienvater war. Seine Tafel war reichlich mit heimischem Wild, Obst und Bier besetzt. Dreimal wöchentlich erschien er mit seinem gesamten Hofstaat, um eine Predigt zu hören und das Abendmahl nach lutherischem Brauch zu nehmen. Im Rahmen seiner Intelligenz lebte er seinen Grundsätzen gemäß ein makelloses Privatleben in einer bedrückend hausbackenen Atmosphäre. Obwohl er von der Jagdleidenschaft besessen war, mangelte es ihm nicht an Kultur, und er hatte Verständnis für Schmuck und Goldschmiedearbeit und vor allem für Musik.«[9)]

Zum Leben am Hof der Wettiner gehörte die gute alte deutsche Sitte des Zechens. Männer von französischer oder spanischer Geisteshaltung und Lebensart, wie Friedrich von der Pfalz und Ferdinand von Steiermark, stieß das ab. Johann Georg verschmähte ausländische Leckerbissen, aber er konnte sieben Stunden ohne Unterbrechung an der Tafel sitzen, heimische Gerichte in sich hineinstopfen und sie mit sächsischem Bier hinunterspülen. Auch ist überliefert, daß der witzige Anlauf zu einer Konversation oft darin bestand, daß er seinen Hofzwerg ohrfeigte oder daß er die Neige aus seinem Krug einem Diener über den Kopf goß, womit der Kurfürst kund tat, daß er den Krug frisch gefüllt haben wolle. Letztlich trank auch Johann Georg wie sein älterer Bruder Christian zu viel und zu häufig, wenn auch mehr aus Gewohnheit und Geselligkeit, als aus Schwäche. Man hat ihm schließlich nachgesagt, daß er im Trunke sinnlose politische Entscheidungen getroffen habe. Das erschwerte den diplomatischen Verkehr. Johann Georg, ob betrunken oder nüchtern, blieb vielen ein Rätsel. Niemand wußte so recht, auf welche Seite er sich schlagen würde. Dabei war er ein friedfertiger Mensch, der für sich und sein Land Frieden wollte, dazu eine florierende Wirtschaft und den Zusammenhalt der deutschen Territorialstaaten. So nimmt es nicht wunder, daß er nicht den Wunsch hatte, sein bequemes Leben für zweifelhafte Zukunftswerte aufs Spiel zu setzen. Er war ein Anhänger der konstitutionellen Regierungsform, aber er brachte nicht den Mut auf, dies entschlossen zu vertreten. »Handelte er, dann geschah es aus klugen, ehrenhaften und konstruktiven Beweggründen, aber er handelte immer zu spät. … Dem Kurfürsten müssen jedoch einige Eigenschaften zugute gehalten werden, die in der Folgezeit ungewöhnlich genug waren. Er war immer ehrlich, hielt niemals mit seiner Meinung hinter dem Berg und war aufrichtig um den Frieden und das Gemeinwohl Deutschlands bemüht. … Die Geschichte kennt ihn als einen Mann, der 1620 die Protestanten verriet, 1631 den Kaiser und 1635 die Schweden. Genaugenommen war er fast der einzige, der inmitten des Wirbels feindlicher und verbündeter Pläne eine stetige Politik verfolgte. Wäre er anders gewesen, so hätte er für sein Land einen Mittelweg finden können, um es vor dem Zusammenbruch zu bewahren. Es war eine der wirklichen Tragödien in der deutschen Geschichte, daß Johann Georg kein großer Mann war.«[10)]

Anmerkungen

1) Eva Papke, Festung Dresden. Aus der Geschichte der Dresdner Stadtbefestigung. Dresden 1997, S. 84 ff.

2) Zitiert nach Reinhard Eigenwill, Von der markgräflichen Burg zur Großstadt. In: Dresden. Silhouetten einer Stadt. Leipzig 1985, S. 48.

3) Johannes Falke, Die Steuerverhandlungen des Kurfürsten Johann Georgs I. mit den Landständen während des Dreißigjährigen Krieges. In: Archiv für Sächsische Geschichte. Neue Folgen Bd. 1, S. 268–348.

4) Klemm, Chronik von Dresden.

5) Reinhard Eigenwill, Von der markgräflichen Burg zur Großstadt. In: Dresden. Silhouetten einer Stadt. Leipzig 1985, S. 48.

6) Sächs. HStA: Loc. 10331, Einnehmung derjenigen, so aus Böhmen werden müssen. Vol. 2. 1627–1628, Bl. 33.

7) E. Sparmann, Dresden während des 30jährigen Krieges. Dresden 1914, S. 22.

8) Karlheinz Blaschke, Der Fürstenzug zu Dresden – Denkmal und Geschichte des Hauses Wettin. Leipzig, Jena, Berlin 1991, S. 160.

9) C. V. Wedgwood, Der 30jährige Krieg. 7. Auflage. München, Leipzig, S. 55.

10) Ebd., S. 57.

Eva Papke

Landsknechte in der Residenz

Vor Einführung des Stehenden Heeres am Ende des 17. Jahrhunderts wurden erst in Vorbereitung eines Krieges Soldaten angeworben. Auch Kurfürst Johann Georg ließ zu Kriegsbeginn 1618 und verstärkt nach seinem politischen Frontwechsel von der kaiserlich-katholischen auf die protestantische Seite werben. Es wurden Bestallungsurkunden für die ausgewählten Obristen angefertigt, in denen der Sold, die zu werbende Anzahl Soldaten (meist ein Regiment = 5 Fähnlein) und das Werbegebiet festgelegt waren. Lagen die Truppen nicht im Feld, waren sie in Privatquartieren untergebracht. In Dresden machte der Furier zusammen mit einem Beauftragten des Rates die Quartiere, d.h. beide begutachteten die Unterkünfte und legten die Zahl der Einzuquartierenden fest. Für die Kosten mußten zu Kriegsbeginn die Bürger aufkommen, die deshalb (außer der Zahlung des Wachttalers und in Notzeiten dem Stellen von Nachtwachen auf den Festungswerken) von anderen Kriegsabgaben befreit bleiben sollten. In den ersten Kriegsjahren gab es noch sog. Freihäuser (Adlige, Pastoren, Kirchen- und Schuldiener, Ratsmitglieder, Witwen und Waisen), die keine Einquartierungen aufnehmen mußten.

In Dresden lagen außer der ständigen Festungsbesatzung wechselnde Truppen, die entweder zur Musterung oder zur vorübergehenden Verstärkung der Besatzung einquartiert waren. Bereits in den 20er Jahren klagten Offiziere und Mannschaften der Festung über ausstehenden Sold. Wirklich schwierig wurde die Lage für alle Seiten jedoch erst nach 1630.

»THUSTU RECHT, VERFECHT ICH DICH / BRICHSTU TREU BESTREIT ICH DICH« war das Motto eines Fähnleins in Dresden, als 1631 »in der stille vnd eilends« geworben wurde.[1] Die Zeit der freien Knechte, die sich stolz mit eigenen Waffen mustern ließen, gehörte dem 16. Jahrhundert an. Im 17. Jahrhundert entwickelten sich andere Formen des Soldatenwesens. Bei allen Unterschieden verband die Landsknechte jedoch eins: sie lebten nach eigenem Recht, ihrem Artikelsbrief. Auf ihn leisteten sie den Eid. Er begann »Ich gelobe vnd schwere« und endete »So wahr mir Gott helffe vnd sein Heiliges Wortt«.[2] Der Artikelsbrief von 1631 für das Fußvolk zeigt, wie umfassend das Leben der Knechte geregelt war. Eingeschworen auf Kurfürst Johann Georg, über alle Ränge bis zu den Webeln, versprachen sie Gehorsam in allem, es sei »edel oder vnedel, klein oder groß … vff Zügen, Schlachten, Stürmen oder Wachten … bey nacht vnd tage … vnd kein Meuterey zumachen«. 30 Tage im Monat waren zu dienen, »wie … der brauch ist, vnd sol einen ieden gepürender Monat Sold geben, vnd alle Monat bezalt werden«[3], »solang die Fendel an der stangen sein«.[4] Sold wurde in Reichstalern gerechnet, doch konnten dafür auch andere »denselben gleichgültige Münz« gezahlt werden.[5]

Der einfache Soldat kam ohne nennenswerte eigene Wehr zum Werbeplatz, wo er neben Waffen ein Laufgeld – 1632 betrug es 2 Taler zu 24 Groschen – und sogenannte Poletten als Quartierscheine erhielt. Damit ausgestattet, »liefen« die Geworbenen rottenweise auf vorgegebenem Weg zum Musterplatz. Nach der Musterung sollte Sold für einen Monat gezahlt werden, wovon die Knechte ihr Quartiergeld zu begleichen hatten. Ein Gefreiter erhielt 7 Taler, ein Pikenier 6, ein Musketier 5, ein Obrist 500 oder 550, der Feldmarschall 2000.[7] Zum Unterhalt der Dresdner Besatzung hatten die sächsischen Städte 1610 eine jährliche Beisteuer von 30 000 Gulden bewilligt.[8]

Ende 1618 wurden Reiter in Altendresden einquartiert. Ihre Verpflegung regelte ein kurfürstliches Mandat vom 8. November. Es sah für ein Frühstück Butterwecken vor sowie Brot, Butter, Käse und Bier. Zum Mittag sollte es Suppe geben mit Rahm, Butter, Eiern, Muskatnelken und Semmeln, danach 5 Pfd. Rindfleisch mit Meerrettich, eine Hammelkeule, Zugemüse, Butter und Käse, Brot und Semmeln und pro Person 2 Kannen »hiehisches« Bier. Dazu wurden Salz, Würze, Essig, Schmalz, Holz für den Herd, Licht für Stuben und Ställe gerechnet, für 9 Personen insgesamt 2 Gulden, 11 Groschen, 6 Pfennige. Unkosten für Bett- und Tischwäsche wurden erwähnt, aber nicht berechnet.[9]

Die Unterguardia war die ständige Festungsbesatzung Dresdens.[10] Ihre Knechte bildeten eine interessante soziale Gruppe; einige von ihnen waren gleichzeitig Bürger und übten Handwerksberufe aus, waren Innungsmitglieder und Meister. 1629 war Karl von Krahe ihr Obrist. Sein Stab umfaßte einen Kapitänleutnant, den Regimentsschultheiß, Leutnant, Wachtmeister, Wachtmeisterleutnant, Fähnrich, Profoß, Nachtwachtmeister, Musterschreiber und Furier.[11] Dazu kamen 8 Spielleute, 2 waren Dresdner, der Regimentstrommelschläger Sylvester Kahlhorn war Bürger und besaß ein Haus in Altendresden, der Spielmann Matthes Marschner hatte ein Haus vor dem Wilsdruffer Tor und betrieb Zwirnhandel.[12] Die gesamte Unterguardia bestand aus 3 Rotten. Die erste Rotte zählte 90 Knechte, die zweite 87, die dritte 89. »Summarum aller Dreyen Rotten, inclusis der Befehlichßhaber Spielleutte vnd Regimentsdiener« wurden 285 Mann genannt. Bei 5 Knechten wurde im Verzeichnis mit grüner Tinte hinzugefügt, daß sie aus Altersgründen Zug und Wacht nicht mehr mitmachen konnten; der älteste, Hans Knöffel, war 86 Jahre. Da sie jedoch in den Listen geführt wurden, erhielten auch sie Sold. Bei 76 Personen wurden mit roter Tinte soziale Angaben eingetragen. Danach besaßen 6 Knechte außerhalb Dresdens Häuser. 28 hatten Bürgerrecht in Dresden. Hausbesitzer waren hier 29 (6 in Altendresden, 6 vor dem Wilsdruffer, 9 vor dem Pirnaischen Tor, 1 in der Kleinen Fischergasse, 7 ohne Ortsangabe). Bei den Berufen überwogen 18 Schneider, ferner gab es 2 Hutmacher, 1 Senkler, 1 Buchbinder, 3 Kürschner, 1 Büttner (»treibet das handtwerg gar schlecht«), 1 Knopfmacher, 2 Büchsenmacher, 1 Bürstenbinder, 1 Drechsler, 2 Glaser, 3 Tischler (einer »arbeitet nichts als Särge«), 1 Sporer, verschiedene Händler (Zwirn, Wollzeug, Knöpfe, Dörrobst, Stärke), Pächter sowie einen, der »Hatt einen Meßerkran«. Das waren alles Tätigkeiten, die unterbrochen werden konnten, wenn Zug und Wacht angesagt waren, ein Zubrot sozusagen. Und das zu verdienen, scheint öfter nötig gewesen zu sein. 1626 beispielsweise erhielt die Unterguardia 9 Monate keinen Sold.[13] Und 1623 meldete der Obrist von Krahe dem Kurfürsten, der Geldmangel sei so groß, daß die Disziplin darunter leide. Kleider und Schuhe seien zerrissen oder fehlten ganz, so daß die Mannschaft nicht mehr Schildwache stehen könne. Zudem sei durch die Münzverschlechterung der zu 21 Groschen geprägte Gulden nur noch zu 2 Groschen anzubringen.[14]

1628 besserte sich das Kleidungsproblem. Im Winter erhielt die Unterguardia »Soldaten kleidung«, vielleicht die früheste Uniform einer Festungsbesatzung! Ein Verzeichnis über den »Macherlohn« an die Dresdner Schneider vom 16. 12. 1628 ist erhalten.[15)]

War die Soldatensteuer der Städte eingetroffen, konnte Stadthauptmann von Walwiz die zwischenzeitlich ausgegebenen »Interims-Scheine« einlösen.[16)] Die Buchführung war exakt. Neben der Soldhöhe wurde die Stadt angegeben, die das Geld geliefert hatte. Als der Gefreite Emanuel Neuhauser erkrankte, wurden 10 Gulden, 5 Groschen für Medikamente an die Hofapotheke gezahlt (8. 11. 1639). Auch Witwen erhielten ausstehenden Sold.[17)]

Musketier, Stich von W. Kilian aus dem »Soldatenbüchlein« 1609

Am 26. 12. 1619 lehnte der Kurfürst die Entschuldigung Altendresdens ab, man hätte weder Lebensmittel noch Futter für die geplante Einquartierung von Reitern, die hier am 7. 1. 1620 gemustert werden sollten. Bereits am 26. 1. 1620 klagte die »ganze Burgerschafft« Altendresdens über »Allerhandt freuel Vndt Muttwillen«, den Reiter der Kompanie von Trotte (Trotta) »Vngescheuet Zuuerüben sich Vnterwinden«.[18)] Am 27. 5. 1626 beschwerte sich Daniel von Köseritz: »... alß ich ... von Tische aufgestanden vnd mit meinem weibe in das fenster getreten, kommen etliche Soldaten ... trit der eine ganz vnverschemet vnter das fenster ... vnd schlegt das waßer abe, mit gar vnzüchtigen gebehrden ...«. Köseritz, der im oder am Schloss gewohnt haben muss, rief ihm zu, »Er solte seine vnfleterey an andern örtern ausschitten, vnd nicht vor meines gnedigsten Herrn ... hause«, worauf der Soldat erwiderte, der Herr möge nur herunterkommen, er wolle es ihm schon zeigen.[19)] Andere Beispiele bestärken die üble Kraftmeierei. Wurden Beschwerden laut, erfolgte eine Untersuchung, mitunter entschuldigte sich der zuständige Offizier für den »Exces« seiner Leute.[20)]

»Hostis Adest, Care Tibi, o Dresda!« warnte der Dresdner Ratsschreiber am 1. 10. 1631[21)] – am Abend zuvor waren kaiserliche Reiter, vorwiegend »Crabaten«, vor der Stadt erschienen. Die aus Geldmangel aufgeschobene Befestigung des rechtselbischen Altendresdens wurde nun zügig durchgeführt. Kriegsingenieur und Landbaumeister Wilhelm Dilich ließ einen Halbkreis von 4 ganzen und 2 halben Bastionen landwärts um den in die Elbe vorspringenden Stadtteil legen: große, flache Erdwerke mit vorliegenden breiten Gräben, entsprechend der im frühen 17. Jahrhundert dominierenden niederländischen Befestigungsmanier. Zum zusätzlichen Schutz der

Feldmarschall Johann Georg von Arnim,
Stich von M. Bernigeroth

linkselbischen Residenzseite mit ihrer großartigen Bastionärbefestigung aus dem 16. Jahrhundert errichtete man in einem weiten Bogen nach Süden Feldbefestigungen. Neben Soldaten und Dresdner Bürgern wurden Einwohner benachbarter Orte zum Schanzen herangezogen.

Die außerordentliche Belastung lohnte: als sich im Sommer 1632 das Kriegsvolk des kaiserlichen Feldmarschall-Leutnants Heinrich Holk, der »Geißel Gottes«, Dresden näherte, konnten die Feinde von den neuen Werken aus zurückgeworfen werden. Die Festung hatte sich bewährt, die Residenz galt als sicher.

Zu den Beschwerungen durch die ständige Einquartierung, den finanziellen Einbußen in Handel und Gewerbe durch das allgemeine Kriegsgeschehen, Münzverschlechterungen, Schanzarbeiten kam noch die Pest, die in mehreren Wellen Dresden heimsuchte.

Bei den Einquartierungen sollte es nun künftig keine befreiten Häuser mehr geben. »Was den Vnterhalt anlangt, Soll ein ieder mit dem ienigen, so Ime sein Wirth darreicht, Zufrieden sein«.[22] Eine Aufstellung des Rates über Einquartierungen von 1631 und 1632 basiert auf Abrechnungen der Quartierwirte, d.h. der Rat erstattete jetzt die gewachsenen Kosten. Hauptmann Claus von Taube war in der Kreuzgasse beim kurfürstlichen Reichspfennigmeisteramtsbuchhalter Paul Stöttig einquartiert. Der präsentierte außer der Rechnung einen Bericht: »Vndt hat der von Taube sich für seine Person, alß einen Adelichen Cavalliero wol anstehet, im Losament ganz friedlich, löblich vnndt wol verhalten, ... daß man mit Ihme wol Zufrieden sein« konnte. Aber außer Taube seien noch 2 gefangene Offiziere sowie Hofmeister und Diener, insgesamt 12, 13 Personen zu Tisch gewesen.[23] – Obristleutnant von Schaumburg lag in Altendresden bei Salomon Schneider, dem Wirt vom »Kleeblatt«. Weil meist 3–5 Herren mit Dienern mit dem Offizier speisten, hatte diese Versorgung »mein geringes Vermögen erscheppet, Vnd do Zu in solche schuld mich gesteckett, das, als ich es mitt Gott bezeuge, weitters diesen Vornehmen Officirer bey mir Zuerhalten ... keine menschliche mittel vor mir haben kan«.[24]

Der Wunsch, statt Offiziere einfache Knechte ins Quartier zu bekommen, wurde immer wieder geäußert. Die Offiziere betrugen sich zwar besser, kamen aber durch ihre zahlreiche Begleitung teurer. 1632 konnten etliche Bürger den Soldaten »armuts halben nichts geben«.[25]

Die Unterguardia vor dem Churfürstlichen Stall, Kupferstich von G. Tzschimmer 1680

Sebastian Walther, »Churfl.Gn. Architectus«, rechnete in der Gerbergemeinde 122 Gulden, 8 Groschen Einquartierungskosten ab. Außerdem war sein Gartenhaus vor dem Wilsdruffer Tor geplündert worden. Es fehlten Wein, Obst, Kraut, Rüben, Zwiebeln, Latten, Werkzeug. Walther konnte gar nicht alles angeben, weil wegen der »bösen seuch« noch Häuser gesperrt waren. Dem Landesherrn war bekannt, wie die Soldaten »beschuldigt, daß theils den Leuten inn den heußern vnd vff den Strassen das ihrige mit gewalt genommen, ia wol ezliche aus inficirten Häusern sachen entwendet, solche vnter die leute vnd dadurch die infection weiter gebracht« hätten. Offiziere hatten diese Vorfälle untersucht: Hinweise, wo was zu holen sei, hätten u.a. die Trödler gegeben! Wenn also der Hehler nicht wär, gäbe es auch keine Stehler![26]

Als im August 1637 Dresdner Bäcker einen Monat Vorrat für die Unterguardia backen sollten, sahen sie sich außerstande, obwohl »daß Ew. Churfl. Durchl. wir herzlich gern vnter die Arme ferner greiffen«, wenn ihnen nicht »die flügel gänzlichen Verschnitten weren«. Bezahlung für über 40 000 Scheffel verbackenes Kommissmehl stand aus! Holz für die Backöfen hatten sie selbst bezahlt, Soldatensteuer zahlten sie auch. Dazu kam Erwerbsausfall, weil sie nicht für ihre Kunden hatten backen können. Die Konkurrenz aus der Umgebung indess brachte Wagenladungen voll Brot und Semmeln in die Festung und konnte den Gewinn »Vnß vor dem Maul hinwegkschneiden«. Dazu kam Neid auf die Unterguardia, deren Knechte oft noch ein Handwerk ausübten und besser als »wir armen Leute« dastünden.[27] – Dabei mußten sich Offiziere

Soldatenwerbung, Radierung von H. U. Frank 1656

und Soldaten »der Vndern Guardia sambt vnndt sonders« und »Zu Vnderschiedenen mahlen« an ihren Kriegsherrn wenden, weil sie wegen ausstehendem Sold keinen Hauszins zahlen konnten, und die Vermieter Türen und Fenster aushöben, um sie zum Ausziehen zu zwingen.[28]

Auch der Rat bat um »remedirung undersezung« ausstehender Gelder.[29] Der Kurfürst bestand aber auf finanzieller Zuwendung, der Dreipfennigsteuer, für die 1640 »vmb ein merckliches vermindert«(e) Garnison, sonst sei die »vnvermeidliche speisung der Soldaten, so denen Wirten allzuschwer fallen dürfte«, wieder nötig.[30] Sie war also durch Geld abgelöst worden. Zu Kriegsende fehlten Geld und Getreide immer häufiger. Die Einwohner versteckten, was sie noch hatten.[31] Der Kurfürst war empört, »daß etliche die Pferde zu verbergenn allerhandt betrugk ersinnen, vnde dieselbigen baldt inn die Stuben, Badstuben, Küchengewölbe vnd andere dergleichen örtter, da mann Sie sonsten nicht zu suchen pfleget, verstecken«.[32]

Jeder wehrte sich seiner Haut in diesem langen Krieg, natürlich auch die Landsknechte. »Zum Henker«, läßt Schiller einen Wachtmeister sagen,

»sie mögen uns alle nicht
und sähen des Teufels Angesicht
weit lieber, als unsre gelben Kolletter.
Warum schmeißen sie uns nicht aus dem Land? Potzwetter!
... Warum dürfen wir ihrer lachen?
Weil wir einen furchtbaren Haufen ausmachen!«[33]

Man liebte sie nicht, aber man brauchte sie.

Anmerkungen

1) SHStA, Loc. 9224, 102. Buch Krigswesen im Reich belangend, Anno 1631, Erste Buch ..., Bl. 140, Bl. 96.

2) Loc. 14600, Sammlung von allerlei Schreiben, Ober- und Unterguardia betr., Bl. 147; Loc. 9224, Bl. 415.

3) Loc. 9225, Zweites Buch Churfl.Durchl. zu Sachssen eigener Kriegsverfassung, 1631–1633, Bl. 396.

4) ebda., Bl. 395.

5) ebda., Bl. 396.

6) ebda., Bl. 400 f.

7) Loc. 9224, Bl. 217, Bl. 245; Loc. 9225, Bl. 269–317; Loc. 9224, Bl. 180.

8) Otto Richter, Verwaltungsgeschichte der Stadt Dresden, Dresden 1891, II, T. II, S. 361, Nachträge zu I, S. 307.

9) StA, RA, B XVIII 9a.

10) Loc. 14600, Bl. 131–148.

11) Loc. 35035, Finanz-Archiv, Rolle Churfl.Durchl. Zue Sachsen Untern Guardi ... 1629. – Die Rotten der Unterguardia waren um ein Vielfaches stärker als andere Rotten und entsprachen fast einem sächsischen Fähnlein zu Fuss, das 1633 123 Mann hatte. Loc. 10839, Armeebestandslisten 1633.

12) Loc. 35035. – Sparmann erwähnt S. Kahlhorn als Eigentümer von 9 Häusern! Ernst Sparmann, Dresden während des 30jährigen Krieges. Mitteilungen des Vereins f. Gesch. Dresdens, Dresden 1914, S. 71.

13) Freiherr von Friesen, Das »Defensionswesen« im Kurfürstenthume Sachsen, in: Arch. f. d. Sächs. Gesch., hrsg. v. W. Wachsmuth und K. von Weber, Leipzig 1863, S. 202.

14) ebda.

15) Loc. 35035

16) StA, RA, B XVIII. 5.

17) ebda., und Loc. 7330, Cammersachen 1637–53, Bl. 215.

18) StA, RA, B XVIII. 9b.

19) Loc. 14600, Bl. 1.

20) ebda., Bl. 4 ff.

21) StA, RA, B XVIII. 1 A, Bl. 3 f. »Hostis ... Tibi« – sinngemäß: Der Feind ist da, hüte dich, Dresden! Ein Kurier aus Radeberg warnte die Dresdner rechtzeitig. – Weck erwähnt in seiner Chronik »ein Landeskind« aus der kaiserlichen Armee als Warner.

22) StA, RA, a.a.O., Bl. 18 f.; zur Befestigung vgl. Eva Papke, Festung Dresden, Dresden 1997, S. 84 ff.

23) Loc. 9241, Verpflegung der Soldaten von der Bürgerschafft ... 1631.

24) ebda., Bl. 29.

25) ebda., Bl. 88, Bl. 82, Bl. 90.

26) StA, Mandate, G XXXV, 26a. Bd. II (8. 11. 1632)

27) Loc. 7330, Bl. 17 ff.

28) ebda., Bl. 39 f.

29) Loc. 9245, Stadt Dreßden betr. wegen außgelegten Kriegs Costen 1632–42.

30) StA, RA, B XVIII. 12.

31) Loc. 7330, Bl. 97 f.

32) StA, RA, B XVIII. 28.

33) Friedrich Schiller, Wallensteins Lager, 11. Auftritt.

Hagen Schulz

Bautzen im Krieg – Drangsale einer Oberlausitzer Stadt

»Wer diese liebe Stadt zuvor gesehen und sollte sie jetzt sehen, der würde nichts mehr denn Dampf, Rauch, Staub und Asche sehen, wie die Stadt Sodom nach ihrem Brande also dampfend und glimmend von ferne ausgesehen hat. Wer zuvor an diesem Ort gewohnet und sollte jetzt hineinkommen, würden ihm diese Klageworte Jeremiä nicht übel anstehen: Wie liegt die Stadt so wüste, die voll Volkes (viel ehrlicher, frommer Leute) war, die eine Königin im Lande war, ist eine Witwe, muß dienen. Wer diesen Ort zuvor Stadt genannt, der könnte jetzt den Namen wohl ändern und sie mit Wahrheit Tabeera, das ist eine Brandstätte, nennen, da sich des Herrn Feuer unter uns entzündet.«[1]

Mit diesen Worten beschreibt Pastor Johann Zeidler in seiner Schrift »Tabeera Budissinae, Budissinische Brandstelle« das traurige Los der Stadt Bautzen (Budissin)[2], die am 2. Mai 1634 in Flammen aufging und dabei fast gänzlich zerstört wurde. Unter dem Eindruck der Brandkatastrophe schrieb er wenige Wochen später die Geschehnisse auf und ließ seinen detaillierten Bericht noch im selben Jahr in Dresden drucken. Bautzen erlitt ein ähnliches Schicksal wie zuvor die Stadt Magdeburg, die im Mai 1631 während der Eroberung durch Graf Tilly nahezu vollständig in Schutt und Asche versank. In den Kriegsjahren zwischen 1620 und 1639 überstand Bautzen drei folgenschwere Ereignisse, welche einen tiefen Einschnitt in der Entwicklung der Stadt markieren und im Mittelpunkt der nachfolgenden Ausführungen stehen.

Die Stadt Bautzen, der politische Mittelpunkt der Oberlausitz, war am Beginn des Dreißigjährigen Krieges ein florierendes Gemeinwesen. Obwohl der sogenannte Pönfall von 1547 – ein Strafakt des böhmischen Königs Ferdinand I. gegen die Oberlausitzer Sechsstädte, weil sie ihm in der Schlacht bei Mühlberg am 24. April 1547 die Gefolgschaft verweigert hatten – der Stadt eine ökonomische Schwächung brachte, da sie ihre Privilegien sowie Lehnsgüter verlor und zur Zahlung einer Geldstrafe von 20 000 Gulden verurteilt wurde, blieb ihr ein gewisser bürgerlicher Wohlstand erhalten. Gegen hohe Geldzahlungen erwarb sich Bautzen in der Folgezeit sukzessive viele alte Rechte, Privilegien und Ländereien zurück oder gewann neue hinzu. Öffentliche Bauten wurden ausgebessert, erweitert und neu gebaut. Erst der Dreißigjährige Krieg setzte dem städtischen Aufschwung ein jähes Ende: Der Krieg brachte großes Unheil über die Stadt. Verwüstungen und Brandschatzungen vernichteten ihren Wohlstand auf lange Zeit, es dauerte Jahrzehnte, bis sie sich von den Folgen des fatalen Kriegsgeschehens erholt hatte.

Die Oberlausitz wurde als Nebenland der Krone Böhmens, wo der Dreißigjährige Krieg infolge des Prager Fenstersturzes vom 23. Mai 1618 seinen Anfang nahm, schon in die erste Periode des militärischen Konfliktes einbezogen: den Böhmisch-Pfälzischen Krieg von 1618–1623.[3]

Nach dem Tod von Kaiser Matthias verwarfen die böhmischen Stände 1619 Ferdinand II.[4] – ein Feind der Protestanten, der gegenreformatorische Maßnahmen einleitete – als König und wählten Kurfürst Friedrich V. von der Pfalz, das Oberhaupt der 1608 geschlossenen protestantischen Union, zum böhmischen König. Erst nach langem Zögern stimmten die Lausitzer Stände (Adel, Geistlichkeit und Städte) der Wahl zu und erkannten den neuen Böhmenkönig an. Im Februar 1620 begann man in Bautzen mit den Vorbereitungen für seinen Empfang, der am 13. März stattfinden sollte. Als Friedrich V. aber in Görlitz die Nachricht vom Einfall des Heeres von Ferdinand in Böhmen erhielt, brach er seinen Aufenthalt in der Oberlausitz ab und kehrte über Zittau nach Prag zurück. Um die Lausitzen und Schlesien wieder ihrem rechtmäßigen Herrscher zuzuführen, übertrug Ferdinand II. – nunmehr deutscher Kaiser – am 6. Juni 1620 Kurfürst Johann Georg I. von Sachsen den Auftrag, diese für ihn zu unterwerfen.[5]

Die Nachricht, daß Johann Georg I. plante, Bautzen im Rahmen der Unterwerfung der Lausitz einzunehmen, gelangte bereits am 9. August 1620 in die Stadt. Gleichzeitig forderte Friedrich V. die Landstände und Städte durch den Landeshauptmann der Oberlausitz Adolph von Gersdorf auf, sich zur Verteidigung zu rüsten und dem Gegner Widerstand zu leisten. Zur Unterstützung sandte der »Winterkönig« den Markgrafen Johann Georg von Brandenburg-Jägerndorf mit seinen Truppen in die Oberlausitz. Dieser schickte, nachdem Johann Georg I. die Sechsstädte aufgefordert hatte, sich zu unterwerfen, die Truppenteile des Hauptmanns Hans Christoph von Carnitzky nach Bautzen, um die Stadt zu besetzen. Angesichts der drohenden Gefahr wuchs im Bautzener Rat die Bereitschaft, sich dem Kurfürsten zu ergeben. Von Carnitzky verschaffte sich am 6. September gewaltsam Zugang zur Stadt und ließ unverzüglich Maßnahmen zur Herstellung der Verteidigungsbereitschaft treffen. Am Nachmittag des folgenden Tages mußte sich die bewaffnete Bautzener Bürgerschaft auf dem Markt versammeln und auf Friedrich V. den Eid der Treue leisten.

Mittlerweile war das 12 000 Mann starke kursächsische Heer über Bischofswerda bis nach Göda vorgedrungen. Am 9. September erreichte es Bautzen und schlug sein Hauptlager zwischen der Neustädter und Dresdener Straße hinter dem Dorf Stiebitz auf.[6] Die Sachsen bezogen ihre Stellungen, richteten die Geschütze ein und begannen am 13. September mit der Beschießung der Stadt, die während der Belagerungszeit fast täglich erfolgte. Den Belagerten kam am 19. September das Regiment des Oberstleutnant von Lagerspee – er löste Carnitzky als Stadtkommandant ab – zu Hilfe. Lagerspee leistete den Belagerern zähen Widerstand. Obwohl die sächsische Armee die Stadt weiterhin beschoß und bestürmte, gelang es ihr nicht, sie einzunehmen. Als jedoch Johann Georg I. am 3. Oktober persönlich nach Bautzen kam und das Feldlager aufsuchte, wurde der Beschuß energisch verstärkt. Bald standen die Vorstädte in Flammen, und der Brand griff schnell auf die Innenstadt über. Nur mit großer Mühe konnte die Ortenburg, in der sich Verwundete und Pulvervorräte befanden, vor den Flammen gerettet werden. Die Besatzung mußte, da die Proviant- und Munitionsvorräte zur Neige gingen, erkennen, daß die Stadt nicht mehr lange zu halten war und erklärte sich zu Verhandlungen mit dem Gegner bereit. Am 5. Oktober unterzeichneten Lagerspee und seine Befehlshaber die Kapitulationsurkunde, die ihnen aber einen freien Abzug unter Mitnahme der vollen Bewaffnung und Ausrüstung gewährte. Nach der Kapitulation begaben sich der Bürgermeister, der Rat und eine Deputation der Bür-

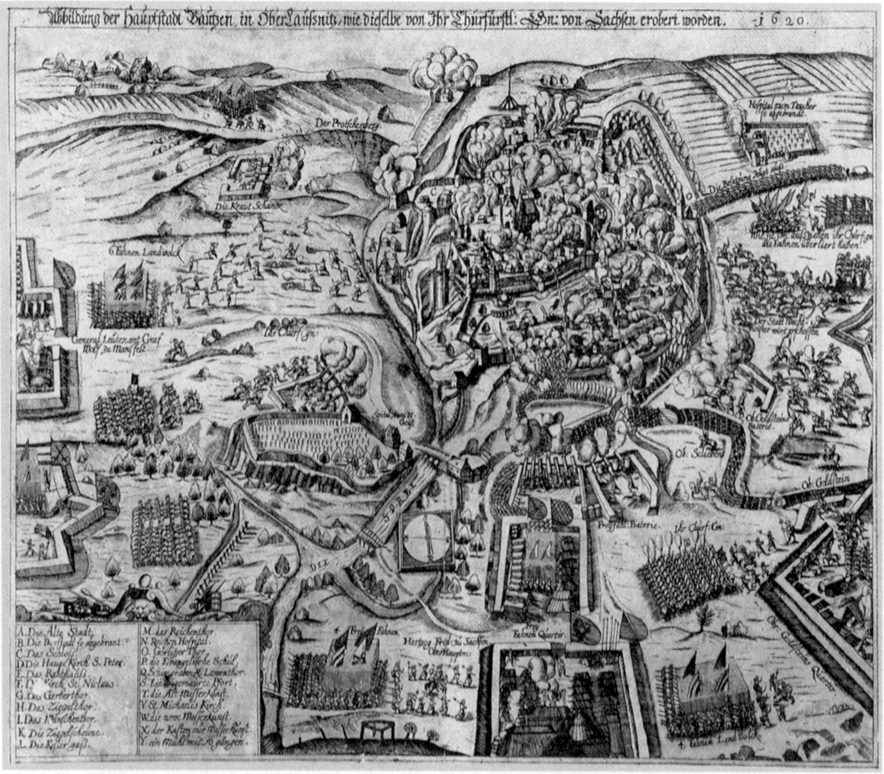

Die Belagerung Bautzens durch den Sächsischen Kurfürsten 1620

gerschaft vor die Tore der Stadt und händigten Johann Georg I. die Schlüssel aus. Noch am selben Tag verließ die Jägerndorfsche Besatzung Bautzen, in das nun kursächsische Soldaten einzogen. Der Kurfürst nahm am 13. Oktober dem Rat und der Bürgerschaft den Gehorsamseid gegenüber dem Kaiser und ihm als kaiserlichem Kommissar ab und stellte der Stadt, nachdem sie sich von der böhmischen Konföderation und ihrem neuen König losgesagt hatte, einen »Schutzbrief« aus. Dieser garantierte ihr sämtliche Privilegien einschließlich der freien Religionsausübung bis zu einer förmlichen Bestätigung durch den Kaiser.

Während der dreiwöchigen Belagerung erlitt Bautzen schwerste Zerstörungen. Von den 1500 Gebäuden der Stadt blieben nur 112 in der Innenstadt und 70 in den Vorstädten unbeschädigt. Zerstört wurden unter anderem fünf Kirchen, zwei Hospitäler, das Landhaus, Pfarr- und Domstiftshäuser, die Schulen, mehrere Mühlen und der Kupferhammer. Unter den zerschossenen Gebäuden befand sich auch die 1610 vollendete Neue Wasserkunst, die erst 1725 wieder ihren Betrieb aufnahm. Beschädigungen erlitten zudem die Ortenburg, die Petrikirche, das Rathaus, das Gewandhaus, die Waage und der Ratsweinkeller. Der materielle Schaden, der Bautzen entstanden war, wurde auf 1 Million Taler beziffert. Neben etwa 500 Soldaten und Einwohnern in der Stadt fanden 700 sächsische Belagerer den Tod.

1623 erhielt Johann Georg I. von Ferdinand II. die beiden Lausitzen für die ausgelegten Kriegskosten pfandweise überlassen. Mit den beiden sogenannten Immissionsrezessen vom Juni des Jahres wurden deren Stände bis zur Einlösung des Pfandes aus ihrer kaiserlichen Pflicht genommen, worauf sich der sächsische Kurfürst von ihnen als alleiniger Pfandinhaber huldigen ließ.[7]

In den Jahren bis 1631 blieb die Oberlausitz von kriegerischen Handlungen weitgehend verschont, da sich der Kriegsschauplatz nach West- und Norddeutschland verlagert hatte.[8] Bautzen war eine friedvolle Zeit beschieden, in der die Bevölkerung den Wiederaufbau der Stadt rasch vorantrieb. Diese hoffnungsvolle Entwicklung wurde unterbrochen, als Gustav II. Adolf von Schweden 1630 die Bühne des Dreißigjährigen Krieges betrat und mit ihm das Kriegsgeschehen wieder nach Mitteldeutschland und Sachsen zurückkehrte. Johann Georg I. wechselte bald die Fronten und ging mit dem Schwedenkönig am 11. September 1631 ein Bündnis ein. In der Schlacht bei Breitenfeld am 17. September schlugen die Schweden und die mit ihnen verbündeten Sachsen das kaiserliche Heer unter Graf Tilly. Nach der Schlacht rückten kaiserliche Truppen in die Lausitz ein und erreichten Anfang Oktober Bautzen. Sie forderten Kontributionen und Einlaß in die Stadt, zogen sich aber am 18. Oktober zurück. Hierauf marschierten kursächsische Soldaten in Bautzen ein, von denen etwa 500 Mann als Besatzung in der Stadt verblieben.

Nachdem Kaiser Ferdinand II. Albrecht von Wallenstein Ende 1631 wieder die Vollmacht über die kaiserlichen Truppen übergeben hatte, kam es im folgenden Jahr zur Besetzung von Oberlausitzer Städten – besetzt wurden Zittau, Lauban und Görlitz – durch Wallensteinsche Truppen. Ende Oktober 1633 erschien Wallenstein mit dem kaiserlichen Hauptheer – etwa 70 000 Mann – vor Bautzen und zwang die Stadt nach kurzer Beschießung am 2. November zur Aufgabe. Während sich seine Armee nach Böhmen zurückzog, verblieb Oberst Martin Maximilian von der Goltz mit seinem Regiment, einem Schwadron Reiter und Kroaten, in der Stadt und hielt sie 27 Wochen lang besetzt. In dieser Zeit mußten die Bautzener hohe Kontributionen leisten sowie für die Einquartierung und Verpflegung der Soldaten aufkommen. Darüber hinaus verlangte von der Goltz als Entschädigung für die unterlassene Plünderung 20 000 Taler von der Stadt. Zum Schutz vor den kursächsischen Truppen ließ er die Verteidigungsanlagen verstärken und Schanzen aufwerfen. Zu diesem Zweck wurden in der Vorstadt Häuser niedergerissen, deren Steine und Holz als Befestigungsmaterial Verwendung fanden.

Nach der Ermordung Wallensteins in Eger am 25. Februar 1634 nahm Kurfürst Johann Georg I. die Rückeroberung der Oberlausitz entschlossener in Angriff. Am 2. Mai zog ein etwa 40 000 Mann starkes sächsisches Heer unter Herzog Friedrich Wilhelm von Altenburg und General Hans Georg von Arnim vor Bautzen auf und forderte die Übergabe der Stadt, die kurz danach in Flammen aufging und schließlich in einem infernalischen Feuermeer versank. Oberst von der Goltz ließ zuerst die Reste der Vorstädte einäschern, um die Innenstadt besser verteidigen zu können. Nach Angaben des Bautzener Rates legten seine Soldaten in der Stadt an 14 Stellen Feuer. Der Brand breitete sich bis auf wenige Ausnahmen in der gesamten Stadt aus und führte zur völligen Zerstörung der mittelalterlichen Bebauung. Den Flammen zum Opfer fielen ebenso die Fischergasse sowie Häuser unterm Schloß und in der Seidau. Wie durch ein Wunder blieb die Ortenburg – in ihr hielten sich zumeist adlige Personen auf – vom Feuer verschont. Ohne Rücksichtnahme auf die Einwohner zogen kaiserliche Söldner plündernd durch die Straßen und verhinderten Löscharbeiten. Am Abend des verhängnisvollen Tages hatte Bautzen etwa 700 Opfer zu beklagen, die in den Flammen verbrannt oder von herabstürzenden Gebäudeteilen erschlagen worden waren. Oberst von der Goltz kapitulierte am 3. Mai und übergab die in Trümmern liegende Stadt an die Sachsen. Er erhielt freien Abzug gewährt und verließ darauf mit seiner Besatzung Bautzen, die Geschütze und Munitionsvorräte zurücklassend.

Der Wiederaufbau der zerstörten öffentlichen und privaten Gebäude stellte den Bautzener Rat und die Bürgerschaft vor ungeheure Probleme, die zunächst aus eigener Kraft kaum bewältigt werden konnten, da es an Geld mangelte. Obwohl Bautzen durch die anderen Sechsstädte mit einer Summe von etwa 4360 Talern unterstützt wurde, kam der Aufbau nur schleppend in Gang. Nicht wieder aufgebaut wurde die Nikolaikirche, von der nach dem Brand nur die Umfassungsmauern übriggeblieben waren. In der notdürftig wiederhergestellten Petrikirche begingen die Bautzener bereits 1635 das sogenannte »Brandfest«, das bis 1835 jedes Jahr am 2. Mai in Gedenken an die schwere Brandkatastrophe als allgemeiner Buß- und Bettag gefeiert wurde.

Am 30. Mai 1635 schlossen Kurfürst Johann Georg I. und Kaiser Ferdinand II. den Separatfrieden zu Prag, in dessen Folge die Ober- und Niederlausitz an Kursachsen gelangten.[9)] Trotz allem blieb die Lausitz weiterhin ein Kriegsschauplatz, auf dessen Boden die Schweden das Geschehen mitbestimmten, da ihnen der sächsische Kurfürst am 6. Oktober 1635 den Krieg erklärt hatte, worauf sie in Sachsen einfielen und das Land schwer heimsuchten.

Bis 1639 blieb Bautzen von kriegerischen Ereignissen nahezu unberührt. Im Frühjahr dieses Jahres erschien der schwedische General Lennart Graf von Torstenson in Sachsen. Nachdem seine Truppen Pirna belagert und eingenommen hatten, besetzten sie die Oberlausitz und rückten am 18. Mai mit etwa 8000 Reitern nach Bautzen vor. Die notdürftig wiederaufgebaute Stadt ging bald darauf an die Schweden über, da ihr von Torstenson für den Fall, daß sie die Übergabe verweigerte, mit Erstürmung und Plünderung drohte. Für ihre Verschonung mußte sie 18 000 Taler Schutzgeld an den General zahlen. In der Umgebung von Bautzen aber verwüsteten und zerstörten seine Soldaten Felder und Häuser. Um sich vor weiteren Bedrohungen zu schützen, erwarb der Bautzener Rat vom schwedischen Feldherrn Johann von Banér am 7. Juli einen Schutzbrief. Kurze Zeit später beorderte von Banér ein Regiment unter dem Kommando des Oberstleutnant Jakob Wanke nach Bautzen, das am 18. Oktober in der Stadt eintraf und sofort begann, die Befestigungsanlagen durch Ausbesserungsarbeiten für den Verteidigungsfall zu verstärken.

Dieser Fall trat schon in Bälde ein, da Kurfürst Johann Georg I. beschloß, die Oberlausitz und so auch Bautzen zurückzugewinnen. Seine Soldaten erschienen am 27. Oktober vor der Stadt und versuchten noch am selben Tag, sie durch einen Überraschungsangriff einzunehmen, was jedoch mißlang. Die Schweden hatten sich zuvor in die Innenstadt und auf die Ortenburg zurückgezogen und die schwer zu verteidigenden Vorstädte aufgegeben. Der Aufforderung, die Stadt und die Ortenburg an die Sachsen zu übergeben, kam Oberstleutnant Wanke nicht nach, und so bereiteten die kurfürstlichen Truppen – acht Kompanien Reiterei und sieben Kompanien Infanterie – deren Belagerung vor. Am Abend des 28. Oktober starteten sie einen erneuten

Bautzner Stadtbrand von 1634, Gemälde von G. Crocinus um 1637

Angriff und eroberten nach heftigen Kämpfen auch das Innere der Stadt, worauf sich die Schweden vollends auf der Ortenburg verschanzten. Die Sachsen ließen, nachdem alle wichtigen Posten in der Stadt besetzt waren, Schanz- und Befestigungsarbeiten ausführen, wobei insbesondere die vor der Ortenburg gelegenen Gassen und die Schloßstraße befestigt wurden.

An Stelle der zum Teil abberufenen sächsischen Reiterei, die am 1. November den Rückmarsch nach Dresden antrat, trafen tags darauf Artilleristen mit Belagerungsgeschützen und Munitionswagen in Bautzen ein. In den Abendstunden desselben Tages erhielten auch die schwedischen Truppen Verstärkung, denen drei Regimenter Kavallerie und 2000 Musketiere zu Hilfe kamen. Sie schlugen ihr Lager vor den Toren der Stadt auf, umschlossen sie von allen Seiten, nahmen die äußeren Tore ein und begannen, sie zu belagern. Auf diese Weise kam es zu einer doppelten Belagerung, welche Bautzens Einwohnern von neuem viel Leid und Elend brachte. So warf die schwedische Besatzung der Ortenburg, als die Munition knapp wurde, Steine und Pechkränze auf unweit des Schlosses gelegene Häuser und fügte ihnen dabei größere Schäden zu.

Die Lage der eingeschlossenen Sachsen verschlechterte sich weiter, als die Schweden am 8. November nochmals Verstärkung erhielten: drei Brigaden mit 1200 Mann Fußvolk. In der Nacht stiegen schwedische Soldaten auf die Ortenburg und zogen sechs Kanonen hinauf, ohne daß es die Sachsen – sie waren nicht mehr im Besitz der Vorstädte – verhindern konnten. Am nächsten Morgen griff die Besatzung der Ortenburg die Stadt an und unternahm einen Ausfall aus dem Schloß. Die kurfürstlichen Truppen konnten die Angreifer nur mit Mühe wieder zurückdrängen. In der Stadt machte sich in der Folgezeit ein Mangel an Lebensmitteln nachhaltig bemerkbar, weil sich alle Mühlen in feindlicher Hand befanden.

Zu militärischen Aktionen kam es auch in den nächsten Tagen und Wochen, die vornehmlich der schwedischen Seite Verluste brachten. Wiederholt versuchten die Schweden, die Innenstadt in Brand zu schießen, was ihnen infolge der Wachsamkeit der Sachsen nicht gelang. Obgleich sich die kurfürstlichen Soldaten standhaft behaupteten, verschlechterte sich ihre Situation. Während sie keine Unterstützung mehr erhielten, wurde das schwedische Belagerungsheer am 5. Dezember noch einmal durch Truppenteile von Torstenson verstärkt. Der sächsische Kommandant von Wedelbusch mußte, nachdem seine Soldaten den Belagerern sechs Wochen Widerstand geleistet hatten, erkennen, daß die Innenstadt nicht mehr zu halten war. Die ungünstigen

Umstände zwangen ihn am 9. Dezember zur Kapitulation, in deren Ergebnis seine Truppen in Kriegsgefangenschaft gerieten. Wedelbuschs Mannschaften wurden den schwedischen Regimentern einverleibt, und die Stadtgemeinde wurde verpflichtet, 17 000 Taler zum Schutz vor Brandschatzung an die Schweden zu zahlen. Bevor diese am 12. Dezember Bautzen in Richtung Zittau und Görlitz verließen, zerstörten sie alle Türme (außer den Lauenturm) und Tore sowie die durch die Sachsen angelegten Schanzen und Befestigungen. Der Zerstörungswut fiel auch das städtische Gymnasium zum Opfer, das bis 1646 eine Ruine blieb. Am 13. Oktober ging zuletzt noch die Ortenburg in Flammen auf und erlitt schwerste Zerstörungen.[10)]

Auch in den nächsten Jahren kamen die Stadt und ihre Bewohner nicht zur Ruhe. Bereits im Mai 1640 sahen sie sich aufs neue einer Gefahr durch die schwedischen Truppen ausgesetzt. Von Görlitz aus sandte Oberstleutnant Wanke einen Brief an den Bautzener Rat, in welchem er die zur Stadt Bautzen gehörenden Dorfschaften, die bislang durch seine Soldaten verschont worden waren, aufforderte, binnen acht Tagen 600 Reichstaler zu zahlen oder sie andernfalls zu brandschatzen. Ein Jahr später erlebte die Stadt Durchmärsche kurfürstlicher und kaiserlicher Truppen. Bautzens Bürger und die Bewohner der umliegenden Dörfer mußten für die Verpflegung der Soldaten aufkommen und dafür hohe Summen aufbringen. 1642 marschierten die Schweden unter General von Torstenson auf ihrem Weg nach Leipzig an Bautzen vorbei, ohne es zu berühren. Bedenklich war die Situation auch 1643, als sie in der Gegend um Malschwitz lagerten, hier umliegende Dörfer plünderten und am 29. März das Landstädtchen Weißenberg anzündeten, schließlich aber an Bautzen friedlich vorüberzogen. Dank des am 27. August 1645 zwischen Sachsen und Schweden in Kötzschenbroda geschlossenen Waffenstillstandes verliefen die letzten Jahre des Dreißigjährigen Krieges für die Stadt und die Oberlausitz friedvoller. Das zwei Jahre nach dem Abschluß des Westfälischen Friedens im ganzen Kurfürstentum für den 22. Juli 1650 angeordnete Friedens- und Dankfest wurde in Bautzen erst am 1. August gefeiert.[11)]

Lag Bautzens Einwohnerzahl von 1500 bis 1620 nahezu gleichbleibend bei etwa 5000, sank sie im Verlauf des Krieges auf 3500, was einem Bevölkerungsrückgang von 30 Prozent entspricht. Nur sehr langsam wuchs ihre Zahl bis zum Ende des 18. Jahrhunderts wieder an.

Nach Ende des Krieges vollzog sich in den nachfolgenden Jahrzehnten der Wiederaufbau der schwer zerstörten sowie wirtschaftlich stark geschwächten Stadt nur schleppend und erfuhr durch die Stadtbrände von 1664, 1686 und 1709 eine Unterbrechung. Bis zur Mitte des 18. Jahrhunderts entstanden vor allem in der Inneren Lauenstraße und in der Reichenstraße stattliche Wohnbauten, deren barocke Fassaden den baulichen Charakter der Innenstadt bis heute mitprägen. Im Auftrag des Dresdener Hofes ging der Landvogt Kurt Reinicke von Callenberg an die Wiederherstellung der Ortenburg. Ihr Aufbau zog sich ebenfalls über viele Jahre hin und fand erst 1698 mit der Errichtung der drei Spät-Renaissancegiebel seinen Abschluß. Bereits 1662 stellten die italienischen Stukkateure Vinetti und Comaton die magnifike Stuckdecke im Audienzsaal fertig. In neun Feldern zeigt sie die wichtigsten Begebenheiten aus der Lausitzer und Bautzener Geschichte bis zur Belehnung des sächsischen Kurfürsten Johann Georg I. mit den beiden Lausitzen im Jahre 1635.

Das gewerbliche Leben der Stadt erfuhr in der zweiten Hälfte des 17. Jahrhunderts besonders durch die Tuch- und Leinwandherstellung einen Aufschwung, der ihren Wiederaufbau förderte

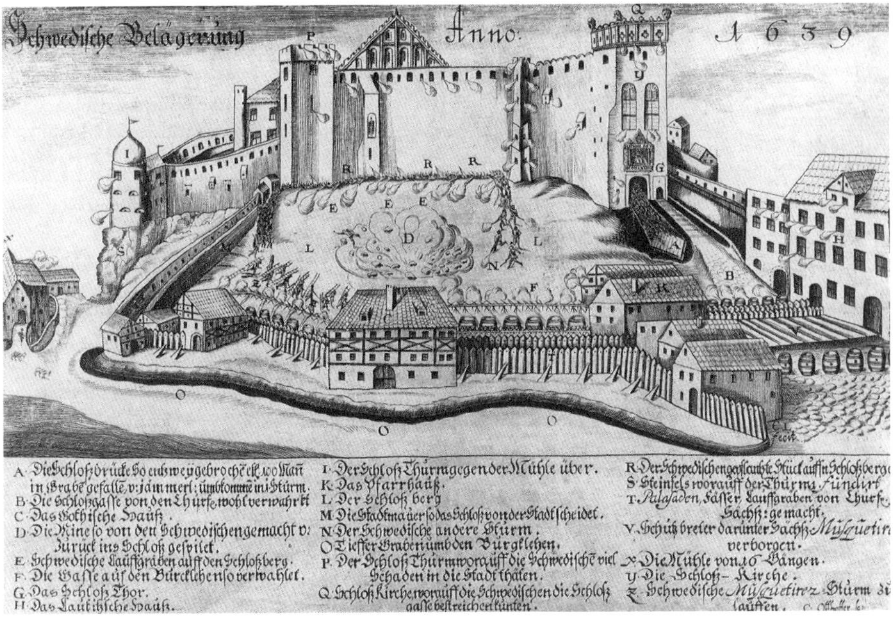

Schwedische Belagerung von Bautzen 1639, Kupferstich von Ch. Otthoffer 1707

und den Wohlstand ihrer Bürger allmählich wieder hob. Allerdings ließ die »handelspolitisch ungünstige Verkehrslage« – so Rochus Schrammek – »ein kräftiges wirtschaftliches Wachstum nicht zu.«[12]

Die drei dargestellten Ereignisse, die Bautzen in den Tagen des Dreißigjährigen Krieges erfaßten, fanden Eingang in Malerei und Graphik.[13] Literarisch verarbeitet wurde die Eroberung Bautzens durch Kurfürst Johann Georg I. im Jahre 1620 von dem Dichter Jacob Vogel, dessen Komödie »Bautzensturm 1620« unter dem Eindruck der Belagerung entstand und bereits 1622 in Leipzig im Druck erschien.[14]

An den großen Stadtbrand von 1634 knüpfen zwei Bautzener Sagen an: »Der feurige Hund zu Budissin« und »Der Feuersegen zu Budissin«.[15] Durch erstere blieb das Andenken an den grausamen Oberst von der Goltz in Bautzen lebendig. Der Überlieferung nach kommt er am Jahrestag des Brandes nachts in der Gestalt eines feurigen Hundes in die Stadt, Feuer und Verderben kündend. Die Sage vom Feuersegen berichtet von einer Zigeunerfamilie, die Anfang des 17. Jahrhunderts nach Bautzen kam und hier eine Unterkunft suchte. Nachdem sie mit ihrer Bitte um Obdach überall abgewiesen worden war, fand sie schließlich in einem Haus in der Goschwitz ein Unterkommen. Beim Abschied sprach der Zigeuner einen Feuersegen über das Goschwitzhaus, der sich bald darauf bewährte. Beim Brand am 2. Mai 1634 blieb es unversehrt. Es diente noch bis weit in das 19. Jahrhundert hinein als Wohnhaus, bevor es 1840 abgerissen wurde.

Anmerkungen

[1] Johann Zeidler, Tabeera Budissinae. Budissinische Brandstelle, Dresden 1634. Zit. nach: Gesellschaft für Vorgeschichte und Geschichte der Oberlausitz zu Bautzen (Hrsg.), Brandgedenken 1634/1934 (Festschrift: 1000 Jahre Bautzen – III. Teil/ 2. Band). Bautzen 1934, S. 16.

[2] Budissin – der alte Stadtname Bautzens. Er galt bis 1867 und wird seit 1868 nicht mehr offiziell verwendet.

[3] Vgl. Hermann Knothe, Der Antheil der Oberlausitz an den Anfängen des 30jährigen Krieges, 1618–1623. In: Neues Lausitzisches Magazin, 56, 1880, S. 1–95.; Zum Kriegsgeschehen in der Oberlausitz siehe J. G. Korschelt, Kriegsdrangsale der Oberlausitz zur Zeit des dreißigjährigen Krieges. In: ebda., 44, 1868, S. 353–378.

[4] Ferdinand kam am 5. Oktober 1617 nach Bautzen und ließ sich hier einen Tag später huldigen.

[5] Johann Georg I. erhielt von Ferdinand II. eine zweite Kommission auf Böhmen ausgestellt, deren Inhalt demjenigen der ersten Exekutionskommission für Kursachsen vom 22. April 1620 entsprach. Zur Rolle und Position Kursachsens vgl. Frank Müller, Kursachsen und der Böhmische Aufstand 1618–1622. Münster 1997.

[6] Über das sächsische Lager heißt es u. a.: »Das verschanzte der Sachsen befand sich auf dem linken Spreeufer hinter Schmola, vorwärts von Rattwitz zu beiden Seiten der Dresdener Straße. Es war etwa 1030 m von der Stadt entfernt; in einem Viereck angelegt, mit einem Graben und einer Brustwehr umgeben, die inwendig mit Reisigbündeln verkleidet war, und durch 7 Stück Geschütze in der Frontseite verteidigt wurde, die durch Scharten feuerten. Das Lager war ein sogenanntes Gassenlager. […] Die Zelte des Kurfürsten bildeten auf der nördlichen Seite des Lagers ein ziemlich großes geschlossenes und mit einer Verzäunung umgebenes Viereck. Der Geschütz- und Munitionspark stand in der Mitte des Lagers und neben demselben befand sich ein ziemlich großer freier Raum, der als Versammlungsort dienen mochte, wie alles überhaupt geräumig angelegt war.« Zit. Richard Reymann, Geschichte der Stadt Bautzen. Bautzen 1902, S. 73–74.

[7] Die Oberlausitzer Stände fanden sich dafür am 23. Juni 1623 zu einem besonderen Landtag in Bautzen ein. Am Tag darauf stellte Johann Georg I. einen Revers wegen Respektierung der Landesprivilegien aus und ließ sich im Bautzener Rathaus huldigen.

[8] Hermann Knothe, Die Oberlausitz während der Jahre 1623 bis 1631 von der Pfandübergabe an Kursachsen bis zum Beginn des Krieges mit dem Kaiser. In: Neues Lausitzisches Magazin, 65, 1889, S. 191–261.

[9] In einem der neun Nebenrezesse des Prager Friedens versicherte der Kaiser dem Kurfürsten, ihm die Lausitzen als erbliches Mannlehen zu übertragen. Per Traditionsrezeß erfolgte im April/Mai 1636 ihre förmliche Übergabe und im August 1638 ihre endgültige Belehnung.

[10] Ein Zeitgenosse berichtete über die Zerstörung der Ortenburg: »Den 13. Dezember wurde um 12 Uhr die königl. Burg und Schloß Ortenburg, sammt allen Thürmen, die alte und neue Kanzlei, die herrliche und wohl erbaute Bastei jämmerlich in Schutt und Asche gelegt und in Grund und Boden verdorben, …«. Zit. nach Quelle Anm. 6, S. 125; So auch Carl Wilke, Chronik der Stadt Budissin von der Erbauung der Stadt bis zum Jahre 1830. Bautzen 1843, S. 391.

[11] Vgl. ebd. S. 397.

[12] Zit. Rochus Schrammek, Verkehrs- und Baugeschichte der Stadt Bautzen. Bautzen 1984, S. 142.

[13] Vgl. Paul Bruger, Bilder vom Stadtbrand 1634. In: Quelle Anm. 1, S. 57–60.

[14] Ders., Jacob Vogels Komödie »Bautzensturm 1620«. In: Bautzener Geschichtshefte. Mitteilungen der Gesellschaft für Anthropologie, Urgeschichte und Geschichte für Bautzen und Umgebung, Nr. 3, 1917, S. 42–57.

[15] Siehe Friedrich Sieber, Der Stadtbrand von 1634 als geschichtlicher Ort Bautzener Sagen. In: Quelle Anm. 1, S. 42–45.

Elke Schlenkrich

»Tränen des Vaterlandes« – Leipzig in den Wirren des Dreißigjährigen Krieges

In den 30er und frühen 40er Jahren des 17. Jahrhunderts berichtete das Lehrjungenbuch der Leipziger Goldschmiede mehrfach über Lehrbuben, die ihrem Meister entlaufen waren, um Soldat zu werden und die ihr Leben auf den Schlachtfeldern des Krieges verloren.[1] Diese Quelle gibt zu einem konkreten Lehrlingsschicksal Auskunft: der Lehrjunge Christian Reinländer erlitt 1642 bei der Belagerung Leipzigs einen Schuß durch den Arm, wovon dieser steif wurde. Somit war der Junge zum Handwerk untauglich und er mußte das Haus seines Lehrmeisters verlassen.[2] Mit diesem Einblick in Leipziger Alltagsbegebenheiten ist angezeigt, daß die Kriegsfurie in die Gassen und Häuser der Stadt vorgedrungen war und das Leben der Leipziger zu bestimmen begann.

Obgleich schon 1618 eine Chronik Nachricht über einen schrecklichen Kometen gab, der drohendes Unheil verkündete[3], war die Stadt im ersten Dezennium des großen Krieges von dessen Verheerungen verschont geblieben. Das hatte die am Hause Habsburg orientierte Politik des sächsischen Landesherrn, Johann Georg I., bedingt. Allerdings veränderte sich die Situation schlagartig, nachdem die Schweden unter Gustav Adolf in das Kriegsgeschehen eingriffen. Sachsen war damit zu einer Entscheidung gezwungen, die zugunsten eines Bündnisses mit den Schweden ausfiel. Das bedeutete für Leipzig: mit dem Jahr 1631 begannen Kanonen, Feuer, Hungersnot, Tod, Pest und Armut ihr grausames Regiment, welches, unterbrochen von einzelnen Atempausen, bis zur Jahrhundertmitte währte. Besonders die Kriegsjahre 1631, 1632/33, 1636/37 und 1642 waren von Belagerungen und Besatzungen geprägt. Im Mittelpunkt nachfolgender Ausführungen soll jedoch kein Abriß der militärhistorischen Ereignisse mit detaillierten Beschreibungen von Angriffen und Verteidigungen und den Geschehnissen auf den Schlachtfeldern um Leipzig stehen[4], sondern es soll ein Versuch unternommen werden, das schwere Alltagsleben in der Stadt während der Kriegsläufe in seinen Grundzügen nachzuzeichnen.[5]

Der frechen Völker Schar, die rasende Posaun[6] – Tillys Vormarsch auf Leipzig

Mit dem Eintritt Schwedens in den Krieg, 1630, war in der Messestadt begonnen worden, die Verteidigungsmaßnahmen zu intensivieren. Nur noch drei Stadttore waren geöffnet, das Peterstor und die Mauerpforten blieben geschlossen. Zusätzliche Geschütze und Munition wurden aufs Schloß gebracht und vor der Stadt Schanzen aufgerichtet. Es kam zu Munitionstransporten über Leipzig, Truppendurchmärschen, Einquartierungen, Werbungen, Musterungen der Defensioner[7] und zu Truppenübungen in der Ziegelscheune. Die Anwesenheit der kurfürstli-

Spottbild auf Tilly

chen Soldateska führte zu Störungen des Alltagslebens in der Stadt. Diese Soldaten verübten Raub und Mord, so daß der Kurfürst einschritt und sie der Justiz übergab. Am Beginn des Jahres 1631 hatte ein kurfürstliches Mandat in die Festkultur der Stadt eingegriffen und den Mummenschanz zur Fastnacht verboten sowie die Stadtbewohner zur Führung eines bußfertigen und stillen Lebens in schweren Zeiten aufgefordert. Sie sollten sich des »viehischen Geplerrs, Schreiens und anderer Üppigkeit gäntzlich enthalten.«[8]

Im Sommer 1631 waren unter dem Eindruck der Nachrichten vom grauenvollen Untergang Magdeburgs und der ständig zunehmenden Angst, die der Vormarsch Tillys auf die Stadt ausgelöst hatte, zusätzliche Bußpredigten und Betstunden angeordnet worden, um den himmlischen Vater um die Abwendung der Kriegsgefahr zu bitten. Allerdings vermochten es diese religiösen Bußübungen nicht, die Ängste der Stadtbevölkerung einzudämmen. Universitätsangehörige und vermögende Bürger suchten ihr Heil in der Flucht. Als Gegenbewegung hierzu drängten die Vorstädter in die Stadt herein, um sich vor Plünderungen, Brandschatzungen und Vergewaltigungen der kaiserlichen Soldateska zu schützen. Ende August standen Tillys Truppen vor Leipzig, und er drohte der Stadt mit einem ähnlichen Schicksal wie Magdeburg, sollte sie nicht auf seine Forderungen eingehen. In diesen Spätsommertagen ordnete der Rat in aller Eile Maßnahmen zur Aufrüstung und zur Gegenwehr an. Doch schon nach wenigen Tagen des Widerstandes kapitulierte die Stadt am 5. September 1631. Zwei Tage später übergab Hauptmann Vopelius, der Kommandant der Pleißenburg, die Festung. Genau an diesem Tag kam es aber zu einer Wende im Kriegsverlauf. Das kaiserliche Heer erlitt in der ersten Schlacht bei Breitenfeld eine Niederlage. So zog nach wenigen Tagen die Besatzungsmacht wieder aus Leipzig ab, und die Stadttore wurden dem kurfürstlichen Heer geöffnet. Ein Glück für die Stadt.

In den Folgemonaten kehrte relative Ruhe ein. Doch es herrschte Not an Viktualien, an Brot und Bier, an Stroh, und das Leben in der Stadt erhielt vielerlei Erschwernisse durch Einquartierungen aufgebürdet. Obwohl inzwischen die Tore wieder geöffnet waren und die Michaelismesse eingeläutet wurde, war nur eine geringe Anzahl Buden auf dem Markt aufgestellt, und nur wenige fremde Kaufleute besuchten die Messe. Infolge der Belagerung lagen etliche Häuser in den Vorstädten und der Stadt in Schutt und Asche, so daß die Abgebrannten in Elend und Armut gerieten. So gehörten zu den Bildern des Alltags im Krieg nicht nur Soldatenröcke, sondern auch die Armen. Kriegsbedingte Entwurzelungen hatten sie in diesen Status gedrängt, sie lebten von Almosen.[9] Außerdem grassierte nach der Belagerung eine Fieberepidemie, die eine Vielzahl an Todesopfern forderte.

Feuer, Pest und Tod, der Herz und Geist durchfährt – die Belagerung der Stadt durch kaiserliche Verbände unter Heinrich Holk 1632 und 1633

Nach nur wenigen Monaten der Ruhe wurde die Stadtbevölkerung Leipzigs seit Mai 1632 erneut von der Angst vor der rasenden Kriegsfurie gepackt. Wie im Vorjahr versuchten die Wohlhabenden, durch Flucht einer Belagerung zu entgehen. Allerdings erließ der Rat ein Mandat, welches das Verlassen der Stadt nur mit Genehmigung erlaubte, auch weil die Stadt einer ungewöhnlich schweren Pestwelle unterlag, die seit Mai in der Stadt tobte und die Aufnahme von Pestpfarren sowie eines Pestarztes und Pestbarbiers erforderte. Die hierfür erforderlichen finanziellen Aufwendungen wurden von den ohnehin schon geschröpften Leipzigern verlangt, indem sie zur Almosengabe aufgefordert waren. Und noch eine weitere schwere Bürde war der Bevölkerung auferlegt: im Sommer 1632 war für 15 000 Mann schwedisches Kriegsvolk Proviant aufzubringen, 9080 Pfund Brot, 192 Pfund Semmeln, 4320 Pfund Fleisch sowie 285 Scheffel Korn.[10] Hinzu kam noch die Sammlung von »Komißgeld«. Zumindest blieb der Stadt damit eine schwedische Einquartierung erspart.

Böse Kunde kam Ende September in die Stadt – der Feind hatte im Westsächsischen gewütet: Chemnitz war belagert und ausgeplündert, Altenburg eingenommen, Frohburg brannte. So wurde eine Welle flüchtenden Landvolkes in die Stadt gespült. Leipzig begann sich auf eine weitere Belagerung vorzubereiten. Am 16. Oktober 1632 traktierten Wallensteins Truppen die Bevölkerung in Connewitz und Stötteritz, und am Folgetag erschienen sie vor Leipzig. Die nächsten Tage waren von Scharmützeln in den Vorstädten bestimmt. Durch die Beschießung von der Pleißenburg aus hatte der Feind zwar Verluste erlitten, dennoch blieb er gegenüber den Verteidigern der Stadt in der Übermacht, zumal die Versorgung der Defensioner auf der Pleißenburg nicht gesichert war.

Nachdem der Rat zunächst die Kapitulation der Stadt verweigert hatte, wurde diese von den Belagerern unter heftigen Beschuß gesetzt, und es erging die Drohung zur Plünderung und Brandschatzung. Wieder kam es zu einer Kapitulation der Stadt – diesmal gegenüber Heinrich Holk. Man schrieb den 22. Oktober 1632. Am Folgetag kapitulierte die Pleißenburg, und die Stadt wurde in eine große Kontribution gegenüber den Kaiserlichen gesetzt. 50 000 Reichstaler waren aufzubringen. Die Schlacht bei Lützen führte zwar zu einem eiligen Rückzug der Truppen Wallensteins aus Sachsen, doch in Leipzig herrschte ein schreckliches Szenario: die vom Lützener Schlachtfeld flüchtenden Kaiserlichen retirierten sich nach Leipzig, die Barbierstuben waren von Verwundeten überfüllt, »alle Häuser und Gassen waren voller Pferde gewesen, so daß sich niemand regen konnte.«[11)]

Allein schon durch Pest und die Teuerung, u. a. von Brot, Semmeln und Eiern, gab es in der Stadt große Not, die eine weitere Verschärfung durch den Mangel an Holz, Hafer, Fischen, Stroh usw. erfuhr. Ihren Hunger versuchten die in der Stadt befindlichen Menschen sogar mit Hundefleisch zu stillen. Auch verfügte die Stadt über keine Brauvorräte mehr, und falls es gelang, fremdes Bier unter Gefahren nach Leipzig zu bringen, waren für die Kanne Torgauisches Bier zwei Groschen zu berappen. Zogen auch Wallensteins Truppen rasch ab, blieben dennoch verletzte Kaiserliche in der Stadt zurück. An diesen übten die Leipziger bittere Rache für erfahrene Mißhandlungen und Willkürakte – 160 der Zurückgebliebenen wurden erschossen bzw. erschlagen, auf einen Leiterwagen geworfen und im Hallischen Zimmerhof verscharrt. Im Dezember 1632 ging endlich ein Aufatmen durch die Stadt, sie wurde der Soldaten entledigt, und die Leipziger Bürgerschaft war nur noch verpflichtet, der schwedischen Armee Proviant zu schicken.

Aber bereits im August des Jahres 1633 mußten die Leipziger erneut eine Belagerung seitens der Kaiserlichen über sich ergehen lassen, wobei Feldmarschall Holk etliche offene Rechnungen zu begleichen hatte: vom Vorjahr schuldeten die Leipziger noch 15 000 Reichstaler Kontributionsgelder, worüber der Rat Holk einen Schuldschein ausgestellt hatte, außerdem beschwor der Tod der verletzten Kaiserlichen die Rache Holks herauf. Nach einem mehrtägigen Bombardement der Stadt, welches diesmal beträchtliche Schäden anrichtete – u. a. wurden Häuser am Markt, im Nikolaikirchhof, in der Reichs- und Katharinenstraße zertrümmert oder in Brand geschossen, die Nikolaikirche wurde getroffen, und unter der Stadtbevölkerung waren Verletzte und Todesopfer zu beklagen –, kam es wiederum zur Kapitulation.[12)] Nur drei Tage währte diesmal die Besetzung, doch sie kam die Bürgerschaft teuer zu stehen. Neben den noch schuldigen 15 000 Talern forderte Holk weitere 200 000 Reichstaler, die auf eine immer noch gigantische Summe von 85 000 Reichstalern heruntergehandelt wurde und binnen kurzer Zeit in Form von Bargeld, Gold- und Silbergeschmeiden, Wechseln und Luxuswaren aufgebracht werden mußte, da ansonsten Plünderung drohte.

Nachdem die besiegte Stadt den Besatzern ihre Tore geöffnet hatte, verübten diese dennoch ungehindert Frevel an der Bevölkerung – die einquartierten Soldaten plünderten die Häuser, stahlen Pferde, erzwangen Geld und mordeten. Beim Abzug der Kaiserlichen wurden städtische Honoratioren als Geißeln mitgenommen, weil zum geforderten Kontributionsgeld noch eine Differenz bestand. Nach dem Truppenabzug wurden im September 1633 erneut kurfürstliche Soldaten einquartiert, zu deren Verpflegung die Bürgerschaft verpflichtet war. Die Einfälle der Kaiserlichen in Meißen und Annaberg spülte einen weiteren Flüchtlingsstrom nach Leipzig. Und wieder wütete die Pest, raffte in den Wochen nach der Belagerung 761 Menschen dahin; nach wie vor waren die Straßen für Reisende unsicher, da überall die Gefahr von Plünderungen lauerte, und erneut mußte ein miserables Messegeschäft verzeichnet werden.

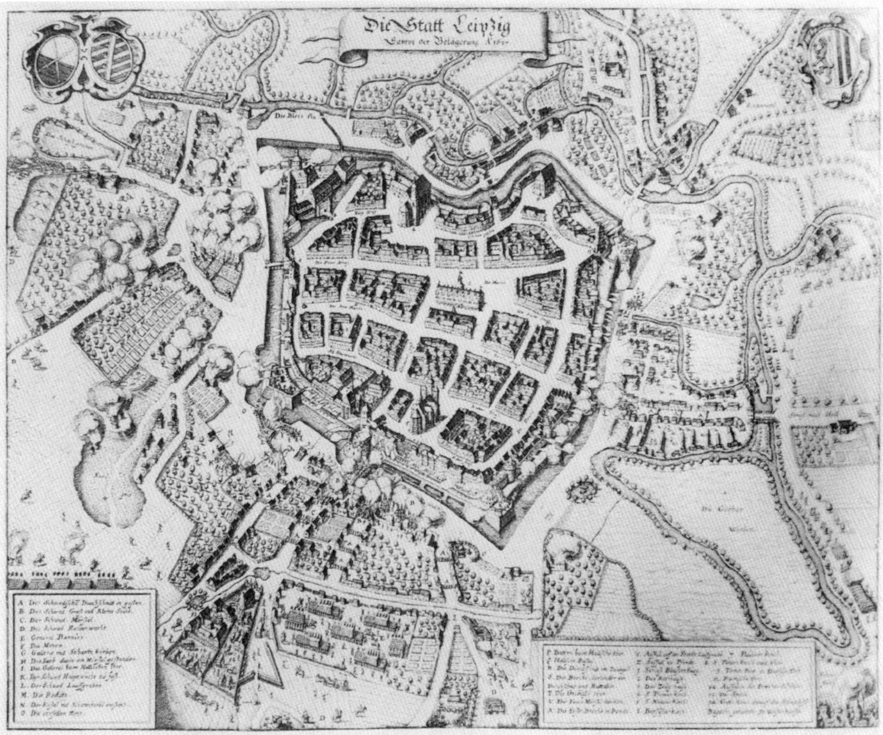

Leipzig während der schwedischen Belagerung 1637, Kupferstich

Abgesehen von Einquartierungen und der Auflage einer Kriegssteuer waren für Leipzig die Jahre 1634–1636 nur in geringem Maße von militärischen Aktionen geprägt, so daß mit Reparaturarbeiten an der arg beschädigten Pleißenburg begonnen werden konnte. Doch die Angst vor den »apokalyptischen Reitern«, vor neuen Angriffen und Belagerungen blieb ein beständiger Hausgenosse. Zu Recht, wie sich herausstellte. Der 1635 erfolgte Friedensschluß zu Prag zwischen dem sächsischen Kurfürsten und dem Kaiser führte zu einem Frontenwechsel Sachsens. Der ehemals verbündete Schwede avancierte zum erbitterten Feind, und 1637 wurde Leipzig erneut von Kriegswirren heimgesucht.

Hier durch die Schanz und Stadt rinnt allzeit frisches Blut – die Belagerung Leipzigs von 1637 unter dem schwedischen Oberkommandanten Johann Baner

Die seit dem Herbst 1636 eingetroffenen Informationen über das Kriegsgeschehen hatten in der Stadt zu umfangreichen Verteidigungsvorbereitungen geführt. Die Bürger in den Vorstädten waren zum Abbruch ihrer Häuser vor den Toren verpflichtet, damit sich der Feind im Falle eines

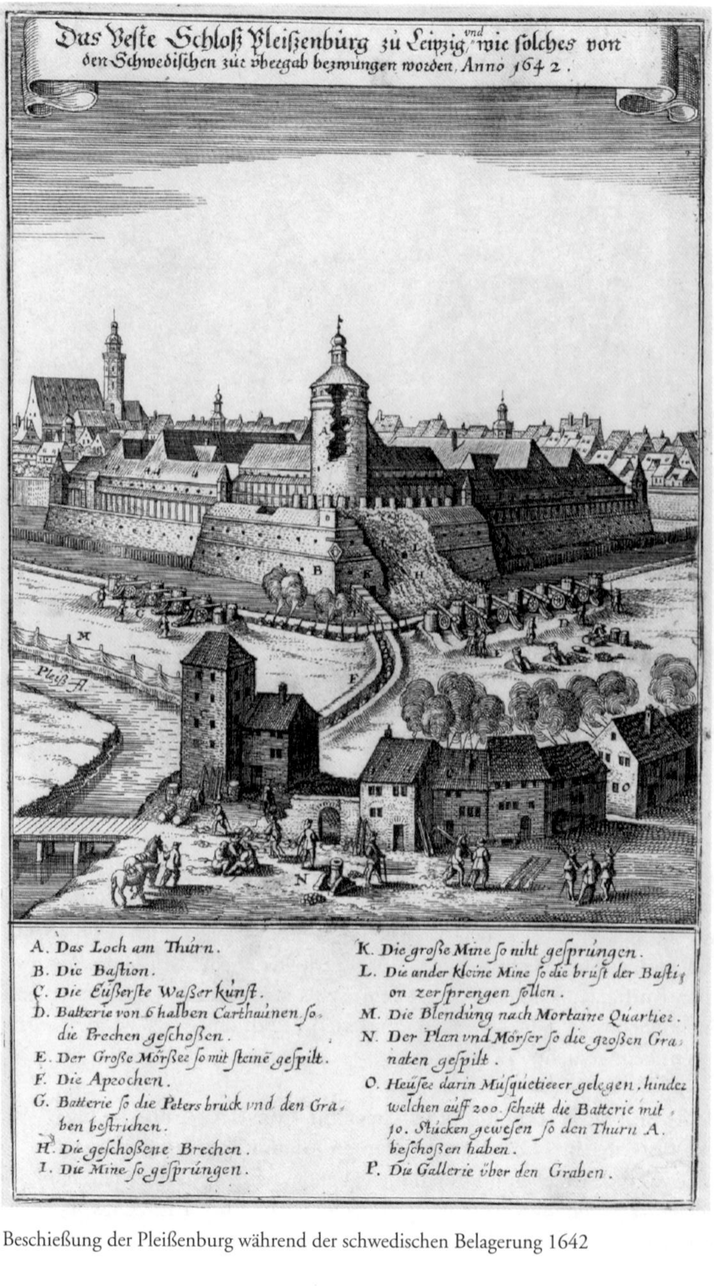

Beschießung der Pleißenburg während der schwedischen Belagerung 1642

Angriffs darin nicht verschanzen konnte. Batterien wurden aufgeworfen, Palisaden aufgesetzt, die Tore verschüttet, die einquartierten Soldaten in Anwesenheit des Kurfürsten gemustert. Wegen der Vorschriften der städtischen Feuerordnung befanden sich die Maurer und Zimmerer in ständiger Alarmbereitschaft, und die Bürger hatten die Pflicht, sich ein Reservoir an Löschwasser anzulegen. Anfang Januar 1637 erfolgte die ständige Besetzung der Kirchtürme zwecks Beobachtung der Feindbewegung; die Bürger und Handwerksgesellen wurden zu den Schießlöchern kommandiert. Am 12. Januar 1637 begannen die Schweden mit der Belagerung. Sie warfen Feuerballen und Steine auf die Stadt, wobei erneut erhebliche Schäden an Kollegien, Häusern und Kirchen entstanden. Schon ließ Baner am Grimmaischen Tor Minen sprengen und bereitete den Sturmangriff auf die Stadt vor, doch diesmal kam ein kaiserliches Entsatzheer dem bedrängten Leipzig zu Hilfe und befreite es aus der Umklammerung. Dennoch prägte die ermattete Stadt erneut stereotype Bilder der Not und des Elends. Diesmal war der Brotmangel akut. Klein, schwarz und spröde war das wenige Brot, weil darunter Kleie verbacken war.[13] Im Juli 1637 brach die nächste Pestepidemie aus und raffte binnen eines Vierteljahres 2500 Menschen dahin.

Wir sind nunmehr ganz, ja mehr denn ganz verheeret – die letzte Belagerung Leipzigs im Dreißigjährigen Krieg

Zur letzten Belagerung der Stadt im Verlaufe des Krieges kam es 1642 – vor der zweiten Schlacht bei Breitenfeld. Unter dem schwedischen Generalfeldmarschall Torstenson mußten die Stadtbewohner erneut viel Leid erdulden: die Grimmaische Vorstadt wurde geplündert, die Bevölkerung durch Feuer in ständige Angst versetzt. Anfang November 1642 beschoß der Feind die Festung und die Basteien der Stadt und brannte Häuser vor der Thomaspforte nieder, u. a. auch die Thomasbadestube. Die Schweden forderten die Übergabe des Schlosses, bewarfen dieses mit Granaten, Feuerballen und Feuersteinen. Am 25. November 1642 wurde Leipzig an die Schweden übergeben. Schwedische Truppen besetzten die Stadt, sie verblieben hier fast acht Jahre. Erst lange nach dem Westfälischen Friedensschluß von 1648 zogen sie in den Sommermonaten des Jahres 1650 endgültig aus Leipzig ab.

Während der Kriegsjahre, besonders in den Zeiten der Belagerungen und Besetzungen, spielte in der Stadt das Theater des Elends. Plünderungen, Brandschatzungen, Truppendurchzüge, Willkürakte, das Erpressen von Kontributionen, Demoralisierung und Enthemmung der Menschen kamen im Troß der Kriegsfurie in die Messestadt und machten ein normales Alltagsleben kaum mehr möglich. Verletzungen, Krankheiten und Seuchen rafften die Menschen dahin. Die Kriegsfolgen waren bis 1650 schwer zu überwinden, da der Krieg immer wieder in die Stadt zurückkehrte. Handwerk und Handel waren gelähmt, die Selbstverwaltung der Stadt kam ins Wanken. Verwiesen sei in diesem Kontext auf die große neue Bettlerordnung des Rates, die 1638 publiziert wurde und die »Guten« versorgen, die »Bösen« jedoch vertreiben wollte.[14] Auch die zerrüttete Finanzlage der Stadt[15], die bereits 1627 das Eingreifen des Kurfürsten provoziert hatte, und die schwelenden Auseinandersetzungen von Ratsregiment und Bürgerschaft hinsichtlich der Verteilung der Kriegslasten prägten das Bild der Stadt am Ende des Dreißigjährigen Krieges.

Anmerkungen

1) Vgl. StadtA Leipzig, Goldschmiede B 2, Lehrjungenbuch, 1550–1842, unpag.

2) Vgl. ebenda.

3) Vgl. Vogel, Johann Jacob, Leipzigisches Geschicht-Buch oder Annales, das ist: Jahr- und Tag-Bücher der Weltberühmten König[lichen] und Churfürstlichen Sächsischen Kauff- und Handels-Stadt Leipzig, Leipzig 1714, S.369.

4) Hierzu sei auf die ausführliche Chronistik des 17. und 18. Jahrhunderts verwiesen – in erster Linie auf Schneider, Zacharias, Chronicon Lipsiense. Das ist: Gemeine Beschreibung der Churfürstlichen Sächsischen Gewerb und Handels Stadt Leipzig ..., Leipzig 1655 sowie Vogel, Johann Jacob, Leipzigisches Geschicht-Buch ..., wie Anm. 3. Jüngst hat hierzu auch Dieter Walz ein Buch vorgelegt. – Walz, Dieter, Der Tod kam als Sachsengänger. Historische Schlachtfelder des Dreißigjährigen Krieges im Leipziger Land, Leipzig 1994. Allerdings assoziierte die Autorin bei der Lektüre des Buches, daß hier im Stile der Boulevardpresse Kriegsberichterstattung gegeben wird.

5) Als Ergänzung zu vorliegendem Beitrag wäre zu empfehlen Döring, Detlef, Das Leben in Leipzig in der Zeit des Dreißigjährigen Krieges. Dargestellt anhand der Annalen des Zacharias Schneider. In: Leipzig aus Vergangenheit und Gegenwart. Beiträge zur Stadtgeschichte 3 (1984), S.151–175.

6) So lautet ein Vers aus »Tränen des Vaterlandes«, geschrieben von Andreas Gryphius im Jahr 1636. Gryphius hatte wahrscheinlich mit Vaterland einen schlesischen Landstrich gemeint, dennoch ist es ein Klagelied für Deutschland und faßt zusammen, was die Chroniken und archivalischen Quellen in barocker Weitschweifigkeit berichteten. Auch die nachfolgenden Zwischenüberschriften sind ausgewählte Gryphius-Verse.

7) Defensioner = sächsische Bürgerwehr.

8) Zitiert nach Vogel, Johann Jacob, Leipzigisches Geschicht-Buch ..., wie Anm. 3, S.419.

9) Ausführlicher zu diesem Problem in Leipzig während des Krieges Bräuer, Helmut, Der Leipziger Rat und die Bettler. Quellen und Analysen zu Bettlern und Bettelwesen in der Messestadt bis ins 18. Jahrhundert, Leipzig 1997, S. 59f.

10) Vgl. zu diesen Angaben Vogel, Johann Jacob, Leipzigisches Geschicht-Buch ..., wie Anm. 3, S. 465.

11) Vogel, Johann Jacob, Leipzigisches Geschicht-Buch ..., wie Anm. 3, S. 490. – Das war allerdings nicht die einzige schwedische Proviantforderung; u.a. teilte der Chronist Tobias Heydenreich mit »[1632] Den 14. und 15. Novemb[er] hat die schwedische Armee, so zu Grimma und in umliegenden Orten angelangt, von der Stadt Leipzig 45 tausend Pfund Brot und 40 tausend Pfund Fleisch item viel tausend Kannen Bier und dreitausend Scheffel Hafer gefordert, mit der Bedrohung, da sie in Verweigerung dessen selbsten kommen und alles plündern wollten.« Zitiert nach Schneider, Wolfgang, Leipzig. Dokumente und Bilder zur Kulturgeschichte, Leipzig, Weimar 1990, S. 128.

12) Die Beschießung der Stadt hatte riesige Ängste unter der Bevölkerung ausgelöst, besonders Frauen und Kinder hatten in Kellern, in den Stadtkirchen bzw. dem Paulinerkollegium Schutz gesucht. Einige Leipziger sprangen aus Furcht und Verzweiflung über die Stadtmauer – direkt in die Arme der Belagerer. – Vgl. hierzu Vogel, Johann Jacob, Leipzigisches Geschicht-Buch ..., wie Anm. 3, S. 505.

13) Zum Brotmangel, der während der gesamten frühen Neuzeit immer wieder zum Problem wurde vgl. die glänzende Analyse anhand italienischer Bibliotheksbestände des 15. bis 18. Jahrhunderts von Camporesi, Piero, Das Brot der Träume. Hunger und Halluzination im vorindustriellen Europa, Frankfurt/Main – New York 1990.

14) Vgl. dazu Bräuer, Helmut, Der Leipziger Rat und die Bettler ..., wie Anm. 9, S. 59.

15) Weiterführend dazu Kroker, Ernst, Der finanzielle Zusammenbruch der Stadt Leipzig im Dreißigjährigen Krieg. In: Beiträge zur Stadtgeschichte, 2 (1923).

Petra Grubitzsch

Das Unglück der Ursula Loß – Alltagsleben der Frauen im Dreißigjährigen Krieg

Es geschah im Winter 1633 in Dresden, einem Winter im Dreißigjährigen Krieg. Sachsen war zunächst einige Jahre von den Kriegswirren verschont geblieben. Mit dem Eintritt Schwedens in den Krieg 1630 griffen die Kampfhandlungen auch auf sächsisches Territorium über. Die ersten Schlachten zwischen kaiserlichen und schwedischen Truppen tobten im kursächsischen Land. Seit 15 Jahren wogen die Heere durch die europäischen Länder. Vor dem Dresdner Schultheiß Jacob Richter steht am 15. Februar 1633 ein zehnjähriges Mädchen in abgerissenen Kleidern. Sie heißt Ursula Loß und stammt aus Schlesien. Allein steht sie vor Gericht, weder Mutter noch Vater können ihr beistehen. Das Mädchen ist verzweifelt und weiß nicht, was es tun soll. Sie erzählt ihre Leidensgeschichte, die bereits Monate zuvor begonnen hatte.

Ihr Vater, Nicolauß Loß, Corporal in kurfürstlichen Diensten, war gestorben. Auch die Mutter lebte nicht mehr. Geblieben war ihr nur eine Tante in Dresden. Deshalb hatte sie sich zu Fuß von Bautzen aus auf den Weg gemacht. Manchmal fand sie Platz auf einem Pferdewagen oder Ochsenkarren, wenn freundliche Bauern sie mitnahmen. Von Dorf zu Dorf hatte sie sich durchbetteln müssen.

Die Tante in Dresden empfing sie nicht gerade mit offenen Armen, als Ursula bei ihr auftauchte – ein Esser mehr in schwerer Zeit, auch wenn die Folgen des Krieges in Dresden noch nicht so spürbar waren. Deshalb mußte sie sich ihren Unterhalt verdienen. Die Tante schickte Ursula auf den Markt, auf dem sie Eierkuchen verkaufen sollte. Im Sommer des Jahres 1632 traf das Mädchen vor den Schanzen am Pirnaischen Tor auf kursächsische Soldaten, die dort lagerten. Einer der Soldaten, so schilderte Ursula später vor Gericht, nahm von ihren Eierkuchen, bezahlte jedoch nicht und lief davon. Der Musketier Friedrich Eugen hatte dies beobachtet. Er versprach, ihr zu helfen. Ursula folgte den Soldaten, die sie dann in einen Keller sperrten. Der Geselle des Eugen, genannt der Franzose, habe »das Mägdtgen niedergeworfen, fleischliche Unzucht mit ihr getrieben, sie aber geschrien, kein Mensch hat hören wollen, das ihr darüber so uebell geschehen, das sie schwerlich gehen können«. Eugen hatte dabei ihre Arme festgehalten.

Am nächsten Tag erschien der 24jährige Musketier Friedrich Eugen erneut bei Ursula auf dem Markt und versprach, ihr zu ihrem Geld zu verhelfen. Doch diesmal war er es, der Ursula zum Dorf hinausführte und sie auf freiem Feld in einer Grube vergewaltigte. Nach dieser Schandtat konnte das Mädchen vor Schmerzen nicht laufen. Der Musketier zwang sie aber mit vorgehaltenem Degen dazu. Tags darauf zog Eugens Regiment von Dresden in Richtung Schlesien.

Ursula hatte ihr Geld immer noch nicht erhalten. Was sollte sie der strengen Tante sagen? Sie verlangte Geld für die Eierkuchen.

Ursula wagte es nicht mehr, zu ihrer Tante zurückzukehren. Sie zog mit einem Soldaten nach Schlesien, der sie mit zu seiner Frau und seinen Kindern nahm. Sie versorgte die Kinder. Nach Dresden zurückgekehrt, mußte Ursula betteln, und auf dem Altmarkt traf sie erneut auf Friedrich Eugen, der inzwischen mit seiner Truppe wieder nach Dresden zurückmarschiert war.

Ursula erkannte ihren Schänder wieder und zeigte ihn an. Vor Gericht standen sie sich dann gegenüber. Das Mädchen blieb bei ihrer Aussage, während Friedrich Eugen leugnete, dem Mädchen Gewalt angetan zu haben. Zwei Wehemütter, wie man damals Hebammen nannte, untersuchten auf Gesuch des Gerichts das Mädchen, konnten jedoch keine Spuren der Vergewaltigung mehr finden. Kein Wunder, die Tat lag zu diesem Zeitpunkt schon Monate zurück. Auch der zweite Soldat Nikolas Hellwig, genannt der Franzose, wurde vor Gericht zitiert. Und auch dieser leugnete seine Tat.

Jakob Richter, der Generalschultheiß, berichtete am 3. Mai 1633 über diesen Fall in einem Memorial an den Sächsischen Kurfürsten Johann Georg. Da die Wehemütter die Notzucht nicht nachweisen konnten, schlug er vor, die Soldaten freizusprechen. Auf kurfürstlichen Befehl wurden die Angeklagten am 7. Mai zu ihrer Kompanie entlassen. Ursula hingegen blieb allein mit ihrer Not. Die Akten im Hauptstaatsarchiv verraten nichts mehr über Ursulas Schicksal.[1)] Es bleibt hier nur die Phantasie, um ihren weiteren Weg zu rekonstruieren.

Sie ist inzwischen elf Jahre alt, ohne Eltern, ohne Bleibe. Mit sich trägt sie die Erfahrung einer geschändeten Frau. Wohin hat sie ihr weiterer Weg geführt? Es ist Mai 1633. In Sachsen lagern kurfürstliche, kaiserliche und schwedische Truppen. Der Krieg dauert schon 15 Jahre, doch noch scheint die Moral der Soldaten intakt zu sein. Noch werden die Truppen versorgt, noch herrschen die militärischen Vorschriften. Auch das Verfahren vor dem Dresdner Schultheiß gegen die Peiniger Ursulas ist ein Indiz für das Bemühen, die Moral der Soldaten zu erhalten. Aus späteren Jahren findet sich im Kriegsarchiv kein Hinweis auf einen ähnlichen Vorgang, zu sehr geraten soldatische Strukturen durcheinander.

Wie mag das weitere Leben der Ursula Loß verlaufen sein? Wenn sie Glück hatte, fand sie in Dresden freundliche Leute, Händlerinnen vom Markt oder Handwerker, die sie als Magd für die schweren Arbeiten aufnahmen. Doch wahrscheinlicher ist, daß sie sich dem Troß des sächsischen Heeres anschloß. Tausende Frauen zogen damals mit ihren oder fremden Männern durch die Feldlager und über staubige Straßen. Die Truppen, egal ob kaiserliche, kursächsische

Abbildung links:
Marketenderin,
Stich von W. Kilian
aus dem »Soldaten-
büchlein« 1609

Abbildung rechts:
Szene aus dem
Dreißigjährigen Krieg,
Radierung von
H. U. Frank 1636

oder schwedische, bestanden nicht nur aus militärischen Verbänden. Etwa gleich viele Frauen, Kinder, Handwerker, Knechte wie Soldaten zogen mit ihnen. Ursula hätte die Kinder versorgen, beim Kochen zur Hand gehen oder einer Marketenderin helfen können. Oder hat sie es geschafft, selbst Marketenderin zu werden, die mit ihren Waren wie Bier, Wein, Tabak und Bekleidung die Truppen begleitet? Hans Jacob Christoffel von Grimmelshausen schuf in seinem Simplicissimus der Marketenderin ein Denkmal. Erfahrungen beim Verkauf von Eierkuchen hatte Ursula ja schon auf dem Markt von Dresden gesammelt.

Auf ihrem Weg kreuz und quer durch die Lande hätte sie vielleicht auch einen Soldaten treffen können, der sie zur Frau nahm. Mit diesem und für diesen plünderte sie in den besetzten Dörfern Häuser und Scheunen. Sie nahm sich das, was sie für sich und die ihren benötigte: Kleidung, Nahrung und Geld. Sie folgte mit ihrem Wagen und den Kindern dem Mann von Dorf zu Dorf und versorgte seine Wäsche und pflegte seine Wunden. Und stark mußte sie sein, denn nicht selten schlugen sich die Soldatenweiber untereinander um die Beute.

Sie traf auf ihren Touren Männer und Frauen in sächsischen Dörfern, denen alles genommen war, wie zum Beispiel der Familie von Schlieben aus Heinsdorf, die in einem Brief an den Kurfürsten ihre Verluste durch einen Überfall der kaiserlichen Truppen am 17. April 1631 auflisteten.[2] Und die Liste ist lang, und Friedrich von Schlieben vergaß nicht, den Geldwert des geraubten Gutes aufzuführen: goldene Ketten im Wert von 240 Talern, goldene Ringe, Armbänder, seiner beider Töchter Kleidung und »Weisgerete« (Wäsche), allerlei »Weißgerete, gespinnst und garn«, die Aussteuer der Töchter. Hinzu kamen 210 Scheffel Korn, 144 Scheffel Saatgerste und Hafer und 24 Fässer Bier, jedes zu 10 Talern, acht Ochsen, ebenso je zu 10 Talern, Pferde und Kühe. Die Uhr, die Stiefel, Sättel für die Pferde, alles war fort. Aber auch Laden und Schränke,

sogar die Türen und Fenster ihres Hauses waren zerschlagen, nachdem die Truppen abgezogen waren. Auch die Verluste seiner Bauern an Vieh meldete Herr von Schlieben nach Dresden. Dem Bauern Köckeritz zum Beispiel hatten die Kaiserlichen zwei Pferde, einen Ochsen, zwei Wagen, neun Scheffel Saatgerste und zwei Scheffel Mehl genommen. Und wer sein Hab und Gut nicht hergeben wollte und das Versteck nicht verriet, für den dachten sich die plündernden Soldaten schreckliche Foltern aus. Bis heute erhalten geblieben sind die Erinnerungen an den sogenannten »Schwedentrunk«. Dem Bauern wurde so lange Gülle in den Mund gegossen, bis er das Geheimversteck doch verriet. Und so blieben die Dörfer und Städte geschändet zurück, wenn der Troß weiterzog – die Scheunen ausgeraubt, die Ernte noch vom Feld gestohlen. Alles, was nicht niet- und nagelfest war, landete auf den Wagen des Trosses. Zurück blieben unzählige geschundene Bauern und Bürger, ihre geschändeten Töchter und Frauen. Wovon sollten sie im Winter leben? Das gepökelte und auch das geräucherte Fleisch war nicht mehr vorhanden. Das Saatgetreide für die nächste Aussaat fehlte. So war der Hunger für das nächste Jahr auch gleich mitprogrammiert. Wo sollte die Milch für die Kinder herkommen, wenn keine Kuh mehr auf der Weide stand? Wovon sollte das Brot gebacken werden, wenn kein Getreide mehr blieb? Und wo sollte die Familie leben, wenn das Haus aus Lehm und Holz im Feuersturm vernichtet war?

Hanns Lheist und Melchior Bernhardt, Bürger und Würzkrämer aus Meißen, berichteten am 7. Juni 1637 nach Dresden: »daß gestern früe halb weg 5.Uhr der feindt an die Stadt kommen, hatte das Fleischer Thor mit Äxten aufgeschlagen, undt weil kein Widerstand gewesen sey, Sondern sich die Besatzung aus der Stad alßbalden uffs Schloß retieret, sye der Feind straks in die Stad gerathen, rein die häuser gefallen, Kirchen und Rathhauß ... und geplündert bis in die

Abbildung links:
Kriegsfurie, anonymes satirisches Flugblatt auf den Dreißigjährigen Krieg (Ausschnitt)

Abbildung rechts:
Sächsischer Bauernhof am Ende des 17. Jahrhunderts

Nacht umb 9.Uhr ... Punctio 6 Uhr, gegen Abens seiind erst 2. häuser am frauensteige hinter der Kirche in brand gangen, nachdeme haben Sie Bürgermeister Schumanns, Bürgermeister hoffmanns und Christoff ottens hauß an Markt angestecket, hernach uff der burgkgaße zur rechten handt ein hauß ...«[3]

Die Berichte über Plünderungen und Überfälle der Soldaten liefen von Stadt zu Stadt und Dorf zu Dorf. In Versen hielten die Dichter das Verhältnis zwischen Bauern und Soldaten fest. Grimmelshausen formulierte kurz und treffend in seinem »Seltzamen Springinsfeld«:

»Sobald ein Soldat wird geboren,
Sind ihm drei Bauern auserkoren,
der erste, der ihn ernährt, der andre,
der ihm ein schön Weib beschert,
der dritte, der für ihn zur Hölle fährt.«[4]

Soldaten sangen an den nächtlichen Feuern unzählige Lieder. Eines davon richtete sich direkt an die Bauern:

»Hüt dich, Bau'r, ich komm.
Mach dich bald davon.
Hauptmann, gieb uns Geld,
Während wir im Feld,
Mädel, komm heran, Füg dich zu der Kann.«[5]

Und Ursula sah vielleicht im Jahr 1637 die Dörfer im Meißnischen Land brennen, von Dresden bis Torgau. Weithin sichtbar standen die Brandsäulen am Himmel. Dörfer wie Kötzschenbroda an der Elbe lagen in Schutt und Asche.

Heinrich von Schleinitz schrieb am 13. März 1637 aus Torgau folgenden Brief: »Ich kann dieses Landes großes Unglück und Elend nicht ausdenken, darin alle Tage das brennen, Rauben und schenden der Leute, kein Ende ist, der Feldmarschall (gemeint ist der schwedische General Banér – d.A.) ist vergangene Woche selbst mit etlich 1000 Pferden bis in Strela gewesen, undt alle Dörffer auch Edelmanns Häuser wegbrennen laßen, man hat gesagt, das Dreschka auch gebrandt habe, ... Ich bin selben Tag auf dem Thurm allhier gewesen, habe auf dieser seiten von Belgern, so wohl uber der Elbe von großen Hain biß anhero nach Torgau 36 feuer gesehen, es ist ein solcher Rauch und Dampff gewesen, das die liebe Sonne verfinstert worden ...«[6]

Hat auch Ursula diese Feuer gesehen? Oder gehörte sie zu jenen, die das riesige Feuerwerk bestaunten, das Kurfürst Johann Georg zu Ehren der Hochzeit seines Sohnes Johann Georg, des späteren Kurfürsten Johann Georg II., mit Magdalena Sybilla von Brandenburg 1638 in die Dresdner Nacht sandte? Manchmal glänzte vielleicht auch an Ursulas Hals eine goldene Kette oder am Finger ein Ring, den sie beim Plündern eines reichen Gutes ergattert hatte. All dies bleibt offen.

Auf welcher Seite Ursula auch stand, ob im Dorf als Bäuerin oder als Frau eines Soldaten im Heer, sie mußte kämpfen um ihr Überleben. Hatte Ursula Glück, und ist sie den zahlreichen Pestepidemien, die durchs Land einen Schreckensweg bahnten, entkommen? Oder endete sie gar als Hexe auf dem Scheiterhaufen, die in diesen Jahren in europäischen Landen noch zahlreich brannten?

Wir wissen es nicht. Sollte es ihr gelungen sein, in Dresden eine Stellung zu finden oder gar eine Familie, dann wäre sie von Mord und Brandschatzung verschont geblieben, denn Dresden wurde trotz Belagerung niemals von feindlichen Truppen besetzt. Hunger und Seuchen hielten aber auch nicht vor den Stadttoren an. Ursula mag stehen für jene Frauen, die in den Jahren des Krieges Leid und Entbehrungen erdulden mußten. Wenn sie Glück hatte und 1645 noch lebte, als in Sachsen der Frieden zwischen Sachsen und Schweden in Kötzschenbroda geschlossen wurde, gehörte sie zu jenen, die einen schwierigen Neuanfang wagen mußten. Egal ob sie als Bauersfrau, Magd, nun arbeitslose Marketenderin oder Dirne den Krieg überlebte. Hatte Ursula, nun 25 Jahre alt, genügend Beute gemacht, um einen der verlassenen Höfe erwerben und neu beginnen zu können? Oder zog sie als Hure oder Bettlerin durch fremde Lande?

Beantworten kann diese Frage niemand, denn festgehalten in den Gerichtsakten ist nur ein Jahr ihres jungen Lebens. Und wer zählt die Mädchen, die einen ähnlichen Weg wie Ursula gehen mußten? Und Ursulas hat es seither in allen Kriegen gegeben und gibt es noch immer.

Anmerkungen

1) Sächsisches Hauptstaatsarchiv Dresden (SHSTAD), Kriegsarchiv Loc. 10796

2) SHSTAD, Kriegsarchiv Loc. 10829, Nr. 370

3) SHSTAD, Kriegsarchiv Loc. 19842, Nr. 695

4) Gustav Freitag, Bilder aus der deutschen Vergangenheit, Leipzig, Bd. 4, S. 79

5) Herbert Langer, Hortus Bellicus, Der Dreißigjährige Krieg. Eine Kulturgeschichte, Leipzig 1980, S. 103

6) SHSTAD, Kriegsarchiv Loc. 10763, Nr. 773a

Siegfried Wollgast

Philosophie und Weltbild in der Zeit des großen Krieges

Nachdem Heinrich Schütz bei der Taufe des Kursächsischen Prinzen August am 18. 9. 1614 in Dresden »musikalisch aufgewartet« hatte, schrieb Kurfürst Johann Georg I. am 25. 4. 1615 an Landgraf Moritz von Hessen, er möge Schütz, dessen »qualitetenn sehr wol gefallen, und er sich uf einn baar Jahr ... anhero begeben (und wesentlich alhier ufhalten möge).«[1] Aus den »baar Jahr«, denen Moritz nur ungern zustimmte, wurde ein Menschenleben. 57 Jahre lang blieb H. Schütz in Dresden. Er: Hofkapellmeister, Kantor, Organist, Komponist und Textdichter, Jurist, Gesandter, Geheimsekretär, Lehrer und Prinzenerzieher.

Dreißig dieser 57 Jahre Dresdner Aufenthaltes sind vom Dreißigjährigen Krieg geprägt. H. Schütz war von den Ereignissen dieses Krieges und seinen Folgen tief bewegt. Er hat seiner Friedenssehnsucht immer wieder Ausdruck gegeben: In den »Musikalischen Exequien« (1636) schreibt er ein erstes »Deutsches Requiem«, gestaltet diese Totenmusik als eine Trauermusik für Deutschland. In der Kongreßmotette zum Kurfürstentag in Mühlhausen (1627) werden die deutschen Fürsten beim Namen genannt und aufgerufen, endlich Frieden zu geben, und noch 1648 erklingt in der »Geistlichen Chormusik« die leidenschaftliche Bitte »Verleih uns Frieden gnädiglich, Herr Gott, zu unseren Zeiten!«

Kursachsen bezog im Dreißigjährigen Krieg traditionell kaiserlich-habsburgische Positionen und verfolgte eigene Eroberungsabsichten.[2] Ab 1631 wurde ganz Sachsen vom Krieg erfaßt. Dresden wurde während des ganzen Krieges nicht erobert, litt aber unter Durchmärschen, Einquartierungen und mußte vielfach Flüchtlinge aufnehmen. »Unter Dresden verstand man damals ... die eigentliche Hauptfestung und Residenzstadt, das von der Ringmauer umschlossene Neudresden mit seinen vier Vierteln. Ferner gehörten dazu die zehn Vorstadtgemeinden vor dem Pirnischen und dem Wilsdorfer Tore, und als dritter Bestandteil lag auf dem rechten Elbufer, ebenfalls in vier Viertel eingeteilt, Altendresden mit den beiden Pertinenzen Stadtdorf und Neudresden.«[3] Dieses Dresden hatte 1626 2298 bewohnte Häuser mit einer errechneten Gesamtbevölkerung von etwa 17 000 Einwohnern. Die größten und vornehmsten Häuser lagen an der West- und Südseite des Altmarktes und in der Schloßgasse. Hier wohnten vornehmlich Adelige, so Christoph und Joachim von Loß sowie der kursächsische Diplomat Heinrich Freiherr von Friesen, dem Schütz 1636 den ersten Teil seiner »Kleinen geistlichen Konzerte« widmete. Schütz besaß und bewohnte 1629 bis 1657 ein Haus in der Frauenstraße, gestorben ist er in einem Hause der Moritzstraße.[4]

Dresden war damals vornehmlich Residenzstadt, was sich auch in der Bevölkerungszusammensetzung ausdrückt. Mehrfach wütete während des großen Krieges hier die Pest, besonders verheerend von 1632 bis Dezember 1633. Die Residenzstadt verlor in diesen beiden Jahren fast die Hälfte der Einwohner![5] Die Pest wie andere Epidemien kam in ihren Wirkungen der der vielen Kriege zumindest gleich. Die Teuerung, etwa während der Kipper- und Wipper-Unruhen (um 1620) und die Beschaffung von Nahrungsmitteln verursachten angesichts einer verheerten Umgebung und gelegentlicher Elbesperrung durch feindliche Truppen im Großen Kriege für Dresden nicht wenige Probleme. Durch Teuerung, Flüchtlinge usw. wuchs die Zahl der Unterstützungsbedürftigen und Bettler erheblich. Ständig neue bzw. erhöhte Steuern sowie Schanzenbau, Verlust an Äckern und Wiesen durch Befestigungen, Diebstahl bei Einquartierungen u. a. brachten den Bürgern hohe Verluste und Belastungen. Das Handwerk – und viele der aus Böhmen im Kriege nach Dresden gekommenen Exulanten waren Handwerker – erlitt im Kriege nicht geringe Verluste, Aufträge blieben zeitweilig ganz aus, so bei Goldschmieden, Edelsteinschneidern, Siegel- und Kupferstechern, Bildhauern, Malern usw. Nicht geringe Kosten verursachte die Hofhaltung des Kurfürsten in der Residenzstadt, er zwang den Rat mehrfach, ihm »Darlehen« zu überlassen; meist waren es schlicht Erpressungen. Dennoch blieb das Leben in der Residenzstadt relativ erträglich.

Im protestantischen Bereich Deutschlands herrschte im 17. Jahrhundert die sogen. protestantische Schulphilosophie.[6] Sie ist ein Gemisch von Aristotelismus, Neuplatonismus und Neustoizismus. Die Art der Anknüpfung an Aristoteles bestimmte vornehmlich den Grad der Orthodoxie oder Heterodoxie des jeweiligen Denkgebäudes. Die protestantische Schulphilosophie verbindet vieles mit der Scholastik. Im 17. Jahrhundert ist in dieser Philosophie auch die Metaphysik wieder in den Vordergrund getreten. Obwohl zwischen den Konfessionen Todfeindschaft herrscht, lutherische Theoretiker die Calvinisten z. T. als noch bedeutend schlimmer denn die Katholiken darstellen, stehen sie mit der katholischen Philosophie auf einer gemeinsamen theoretischen Grundlage. Weitgehend wird die neuscholastische Philosophie von dem Jesuiten Francesco Suarez (1548–1617) bestimmt. In Dresden hatte Philosophie im 17. Jahrhundert keine Heimstatt. Es gab keine Universität. Erst Gottfried Wilhelm Leibniz und Ehrenfried Walther von Tschirnhaus verfolgten 1704–1708/09 den Plan, in Dresden eine wissenschaftliche Akademie zu errichten. Dies blieb folgenlos. Pläne zur Gründung einer Ritterakademie in Dresden bestanden bereits seit der ersten Hälfte des 17. Jahrhunderts, aber erst 1726 wurde ihr Bau zwischen Niedergraben und Ritterstraße eingeweiht. Eigentlicher Philosophieunterricht wurde in unserer Zeit lediglich an der Kreuzschule erteilt. Sie wurde 1639–1676 von Johannes Bohemus geleitet. Logik und Rhetorik gehörten ohnehin zum Lehrplan dieses Gymnasiums, in der Prima wurden auch philosophische Schriften gelesen, sogar Justus Lipsius' »De constantia« – also eine neustoizistische Grundschrift. Dennoch gab es in Dresden durchaus ein philosophisches Leben.

Theologie und Philosophie stehen in dieser Zeit in engstem Zusammenhang. Kursachsen hatte zwei Universitäten: Leipzig und Wittenberg. Die Wittenberger Universität hatte dabei philosophisch wie theologisch den Vorrang. Sie, die Leucorea, war unter Kurfürst August (1553–1586) der neuen geistlichen Zentralbehörde, dem Dresdener Oberkonsistorium, unterstellt worden. In Dresden wurden also Grundsatzentscheidungen in Universitätsangelegenheiten gefällt. So nimmt es nicht wunder, daß das Amt des Oberhofpredigers in Dresden äußerst begehrt war. Der Oberhofprediger war Beichtvater des Kurfürsten und zugleich der höchste theologische Würdenträger Kursachsens. Leipziger wie Wittenberger Professoren folgten daher gern einem Ruf nach Dresden. Jakob Weller (gest. 1664), Nachfolger des Oberhofpredigers Hoë von Hoenegg, kam von der Universität Wittenberg. Er wollte auch einer Verdammung Jakob Böhmes nicht zustimmen.

Kursachsen hatte schon im 16. Jahrhundert zunehmend die geistliche Vormachtstellung im Luthertum übernommen. Auch Schütz war als Hofkapellmeister letztlich direkt dem Oberhofprediger unterstellt. Dies war zunächst Matthias Hoë von Hoenegg (1580–1645), ein entschiedener Gegner der Calvinisten, der aber gleichzeitig mit Balthasar Meisner in Wittenberg, Johann Gerhard in Jena und Johann Saubert in Nürnberg, gemäßigten Lutheranern, in freundschaftlichem Verkehr stand.[7] Bei dem geringen Prozentsatz an Gelehrten, gemessen an der Gesamtbevölkerung Deutschlands zu damaliger Zeit, angesichts der Tatsache, daß der Doktorgrad damals nicht eben häufig verliehen wurde[8], handelte es sich hier um theoretische Spitzenkräfte.

Kursachsens Orthodoxie ist in der ersten Hälfte des 17. Jahrhunderts einer der Träger der kirchlich-gesellschaftlichen Reformbestrebungen.[9] Wolfgang Franz, B. Meisner und Friedrich Balduin in Wittenberg gehen in ihren Publikationen auf die Gebrechen ihrer Zeit ein. Meisner wendet sich gegen die Veräußerlichung des Gottesdienstes und der Geistlichkeit, gegen die Verketzerungssucht der Theologen, fordert eine Regelung der Fürsorge für Arme und Vertriebene, die Abschaffung des Luxus an den Höfen der Fürsten und bei Familienfestlichkeiten im Volke. Eine innere Frömmigkeit wird gefordert. In ähnlicher Weise äußerten sich in den 30er und 40er Jahren in Wittenberg Johannes Hülsemann (ab 1646 Professor in Leipzig) und der spätere Oberhofprediger in Dresden, J. Weller. An der Leipziger Universität, die in ihrem Geist der Wittenberger stark verhaftet war, finden sich derartige Urteile bzw. eine derartige Geisteshaltung bei Johann Höpner, Heinrich Höpfner, Johann Benedict (I) Carpzov, vor allem jedoch bei J. Hülsemann. Polemiken gegen die Calvinisten, gegen den Synkretisten Georg Calixt, die Sozinianer bzw. den reformierten Theoretiker Bartholomäus Keckermann werden von den Theologen der Wittenberger Universität der ersten Hälfte des 17. Jahrhunderts maßvoll geführt. Meisner veröffentlicht 1620 eine Schrift gegen die Calvinisten, auf deren Titel hinzugefügt ist: »ohne Bitterkeit und Personalien«.[10] 1620 äußern die Wittenberger Theologen in einem Gutachten über Johann Arndt, »daß zwar in seinen phrasibus manches zu mißbilligen, sie sich aber nicht überzeugen können, daß er in realibus dem Weigelschen Irrthum ergeben sei, ›ist vielmehr sein Intent hoch zu loben, daß er die Leute von Sünden so treulich abmahnt und zu einem besseren Leben aufmuntert, welches dieser alten und kalten Zeit gar hoch von nöthen‹«.[11] Arndt nutzte auch Paracelsus und V. Weigel. Valentin Weigel war bis zu seinem Tode 1588 Pfarrer in Zschopau. Zwischen 1609 und 1614 erschienen postum seine Werke, die schärfste Ablehnung der kirchlichen Orthodoxie hervorriefen. 1624 erfolgte auf Veranlassung von Johann Georg I. in Chemnitz eine öffentliche Verbrennung »aller« Werke V. Weigels.[12]

Der sächsische Hofprediger Hoë von Hoenegg ist eine schillernde Persönlichkeit: »Ein fleißiger und begabter Theologe, ein eifriger Wächter der reinen Lutherischen Lehre, ein grimmiger Feind der Calvinisten, dabei kein Freund der Papisten, ein stolzer und selbstbewußter Mann, ein geschmeidiger, schmeichlerischer und einflußreicher Hofmann, ein selbstsüchtiger, nicht immer kluger Politiker, ein wegen seiner Beredsamkeit gefeierter Prediger, ein sehr fruchtbarer und breiter Schriftsteller – so können wir den Umriß seines Bildes zeichnen.«[13] Bei aller an Hoë geübten und zu übenden Kritik sind die Zeitverhältnisse nicht zu vergessen: Die mit Nicolaus Krells Hinrichtung (1601) verbundenen Folgen wirkten in Sachsen noch nach, das Brandenburgische Herrscherhaus war 1613 zum Calvinismus übergetreten, Böhmen hatte 1619 einen calvinistischen Kurfürsten zum König gewählt, Landgraf Moritz hatte Hessen durch Einführung der sog. Verbesserungspunkte der Kirche ein calvinistisches Gepräge zu geben gesucht. Unter diesen Bedingungen versuchte Hoë die Stellung Sachsens als Haupt und Zentrum des Luthertums zu halten. Von Kaiser Ferdinand II. wurde er am 25. 2. 1620 zum kaiserlichen »Pfalz- und Hoffegrafen« ernannt.[14]

Hoë von Hoenegg nannte seinen Kurfürsten ein »Außbund Fürstlicher Personen«, ein »Abbild Gottes«. Sich selbst verglich er mit den »Hündlein guter Art«, die sich ihrer Herren treulich, und wenn nicht anders möglich, »mit ihrem Gebellfer« anzunehmen suchen.[15] Hoë behauptete, des Kurfürsten von Gott berufener Ratgeber und Prophet zu sein, und bezeichnete seine diesem erteilte Ratschläge als »oracula spiritus sancti«.[16]

Jakob Böhme ist der bekannteste Philosoph dieser Zeit. Seine Schriften, 1612 und 1618 bis 1624 entstanden, stellen eine Mischung von heterodoxer Mystik, neuplatonisierender Gedanken, pantheistischer Naturphilosophie bzw. Alchemie, biblisch-lutherischem Ideengut, verhaltener Sozialkritik, mit Einsprengseln aus Kabbala und paracelsischem Humanismus dar. Der Dresdner Oberhofprediger J. Weller hat sich »erfolgreich gegen den wiederauftauchenden Wunsch gewisser Eiferer gewandt, die Jakob Böhme noch nach seinem Tode als Ketzer verdammt sehen wollten.«[17] Es ist aber nicht zutreffend, daß Böhme »um 1620 in Dresdner Hofkreisen Zuflucht fand, als er in seiner Heimat bekämpft wurde.«[18]

Böhme schreibt am 9. 5. 1624 nach Liegnitz: »Heute … reise ich nach Dreßden, dahin ich dann von vornehmen Leuten am Churfürstlichen Hofe bin auff ein Gespräche erbeten worden, welche meine Schriften auch lesen und lieben.«[19] Am 15. Mai schreibt er aus Dresden nach Görlitz, er wohne bei Benedict Hinckelmann, »Verwaltern des Laboratorii im Schlosse«. Der Kaiserliche und Kurfürstliche Rat J. von Loß, der Hausmarschall und der Oberste Stallmeister seien ihm gut gesinnt.[20] Am Nachmittag des Pfingstsonntags sind »die Churfürstl. Officirer, als die drey Herren von Schwalbach und der Haus-Marschall, die Wol-Edlen, Gestrengen Obersten beym Churfürsten, als der Haus-Marschall, der Stallmeister, Oberste Kämmerer und ein Rath, bey meinem Wirthe zu Gaste gewesen, … dahin kommen, sich mit mir zu vernehmen; welches auch in Liebe, Gunst und gutem Vernehmen bey ihnen abgelauffen und mich gar gerne gehöret …«[21] Johann Melchior von Schwalbach war 1620 (als Calvinist) in die Dienste des sächsischen Kurfürsten getreten. Er war für den Ausbau der Artillerie verantwortlich, ihm unterstanden auch die sächsischen Festungen, u. a. der Königstein.[22] Böhme beurteilt den Erfolg der Unterredung optimistisch, denn es »sind auch viel andere Herren und Räthe, denen mein Büchlein (Der Weg zu Christo, 1623 – S.W.) beliebet, wie dann auch dem Herrn Superintendenten Egidio Strauch …«[23] Aegidius Strauch hatte in Wittenberg studiert und dort bei W. Franz den Grad eines Lizentiaten der Theologie erworben; 1610 wurde er in Wittenberg Doctor theologiae, 1611 Pastor und Superintendent in Delitzsch und 1614 von Johann Georg I. in das gleiche Amt nach

Merseburg berufen. 1616 wurde er von Hoë von Hoenegg in das Amt des Superintendenten und Pfarrers von Dresden eingewiesen. Böhme setzte auch Hoffnungen auf Hoë von Hoenegg, weil dieser, gleich Strauch, des Görlitzer Primarius G. Richter Pamphlet gegen Böhme als eines Geistlichen unwürdig ansah.[24]

Jacob Böhme, Gemälde

Etwas Entscheidendes hat Böhme in Dresden für sich und seine Lehre nicht erreicht. Es soll noch ein Kolloquium beim Dresdner Oberkonsistorium und eine Disputation Böhmes mit Theologen und Gelehrten unter Anwesenheit des Kurfürsten stattgefunden haben. So berichtet Cornelius Weißner am 21.2.1651.[25] In der Forschung ist das Ergebnis sehr umstritten. Der Kurfürst habe die Doktoren über ihre Meinung gefragt, diese aber hätten geantwortet, sie hätten Böhme nicht verstanden. Jedenfalls habe der Kurfürst Böhme nach dessen Examination noch privat gesprochen. Um oder nach Mitte Juni 1624 trat Böhme den Heimweg nach Görlitz an.

Verbindungen zum Denken Böhmes lassen sich auch bei H. Schütz nachweisen. Aber mir erscheint sehr zweifelhaft, ob es sich dabei um originär Böhmesches Gedankengut handelt. Die Verbindung zu der von J.Arndt herkommenden Linie liegt näher – beiden eignet eine Betonung der Mystik und eines innerlichen Christentums.[26]

Der Dreißigjährige Krieg geht mit einer gesamtgesellschaftlichen Krise einher. Die Masse auch der Sachsen geriet in Verzweiflung, in Hoffnungslosigkeit, in seelische, nicht nur in physische Not. Dies vornehmlich, nachdem Sachsen seit 1631 selbst Kriegsteilnehmer war. Diese Situation führte auch zu einer Neubelebung des Hexenwahns und zu einer entsprechenden Verfolgungswut, die frühere Perioden an Umfang überstieg. Die Hexenbrandmarkung war letztlich auch eine verzweifelte Antwort auf die Frage nach den Schuldigen der Misere. Gerade während des Dreißigjährigen Krieges erhielt im Klima »von verbreitetem Gewissenszwang, von Glaubensfanatismus und steigender Besitzunsicherheit … in vielen Territorien des Reiches der Wahn der Hexenverfolgung neue Nahrung, und nicht wenige Verfechter des Restitutionsedikts nutzen dies in politisch-konfessionell umstrittenen Gebieten für ihre Zwecke. Theologen und Richter wetteiferten miteinander, immer subtilere Beweise, Verhörmethoden, Stigmen, Körpermale und Dämonengestalten zu erfinden. Viele Menschen erfaßte, oft von niedrigsten Begierden getrieben, eine wahre Psychose.«[27]

Kursachsen stellte in Deutschland kein Zentrum des Hexenwahns dar. Ein Schwerpunkt der theoretischen Reflexion dieses Problems lag aber an den kursächsischen Universitäten Leipzig und Wittenberg. Und am Leipziger Schöppenstuhl wirkte der aus Wittenberg stammende Jurist Johann Benedikt Carpzov (II.), die größte protestantische Autorität in Hexensachen. Er studierte fünf Jahre an der Wittenberger Universität, vervollkommnete seine Kenntnisse in Leipzig und Jena und unternahm dann ausgedehnte Reisen durch ganz Europa. Er war ein frommer lutherischer Christ, der in seinem Leben die Bibel 53mal ganz durchlesen hatte. Dies hat ihn nicht abgehalten, während seiner dreißigjährigen Amtstätigkeit zu Leipzig eine Unzahl von Hexen, nach seinen Gegnern zwanzigtausend, in den Tod zu schicken. Wäre es auch nur die Hälfte, so würde die Blutarbeit zu Leipzig die umfassendste in Deutschland sein, gegen welche jene zu Bamberg, Würzburg und Trier verschwinden müssen.

Der Schöppenstuhl war eines der einflußreichsten Spruchkollegien, seine Gutachtertätigkeit reichte weit über Sachsen hinaus. Die Leipziger Juristen bemühten sich seit langem, die einheimische Rechtstradition mit dem römischen und kirchlichen Recht zu verbinden. Carpzov hat sich diese langjährige Praxis des Leipziger Stuhl angeeignet. Dies belegt sein verbreitetstes Werk »Practica nova Imperialis Saxonica rerum criminalium« (Wittenberg 1635). Hierin spielen die Hexen eine besondere Rolle (vgl. I, 48–50). Carpzov beginnt mit einer »wissenschaftlichen« Prüfung des Verbrechens der Zauberei, hinsichtlich seiner Wirklichkeit, Schwere und Strafbarkeit. Die Blendwerke des Satans, der bewirken kann, daß ein Mensch durch optische Täuschung in der Gestalt eines Esels erblickt wird, das Bockreiten und Blocksbergfahren stellt er als Tatsache hin, wiewohl er einräumt, daß der größere Teil der Theologen und Juristen sie für Einbildung halten. Ferner hält Carpzov daran fest, daß die Hexen mit Zulassung Gottes Wetter machen, Früchte verderben, Menschen und Vieh schädigen und mit dem Satan Verträge eingehen können. In der Frage 49 wird untersucht, welche Strafen Hexen verdienen, die teuflische Bündnisse geschlossen haben. Nach Carpzov gebührt ihnen die Todesstrafe, auch wenn sie Niemand Schaden zugefügt hätten. Er beruft sich auf die sächsische Kriminalordnung, worin es heiße, daß dieselbe Person, ob sie gleich mit Zauberei Niemand Schaden zugefügt, mit dem Feuer vom Leben zum Tod gestraft werden soll. Desgleichen auf Entscheidungen zu Jena 1608, vom Schöppenstuhl in Leipzig 1594 und 1615. Darauf untersucht er die Frage des teuflischen Umgangs und der sich daraus ergebenden Folgen. Dafür führte er wiederum die sächsische Kriminalordnung an, sowie Entscheidungen des Leipziger Schöppenstuhles aus den Jahren 1583, 1584, 1604 und 1608. Carpzov entwickelt die Theorie, daß bei geheimen Vergehen die »Präsumtiva et conjecturata probatio pro plena et concludenti« zu halten sei. Vermutungen sollen also Beweiskraft besitzen! M.W. ist aber Sachsen zu keiner Zeit durch Hexenprozesse berüchtigt oder bekannt gewesen.

Am Anfang des 17. Jahrhunderts wirkt als philosophische Richtung in Deutschland der Sozinianismus. Die Universität Altdorf war sein bekanntestes deutsches Zentrum, Ernst Soner sein bedeutendster deutscher Vertreter.[28] Zeitweilig war Altdorf das Ausbildungszentrum für polnische Sozinianer. Die Sozinianer zeigen, daß zwischen Glauben und Vernunft ein unüberbrückbarer Gegensatz besteht. Infolge der Durchdenkung dieses Gegensatzes und seiner Konsequenzen wird Pierre Bayle dann zum Mittler zwischen Sozinianismus und Aufklärung, und John Tolands »Christianity not mysterious« (1696), die eigentliche Geburtsurkunde des europäischen deistischen »Atheismus«, wird von den radikalsten Vertretern des Sozinianismus offen vorweggenommen. 1608 hatten die Sozinianer die deutsche Ausgabe einer ihrer Grundschriften, des »Rakauer Katechismus«, der Wittenberger Universität gewidmet. Um 1620 bekämpften die Wittenberger Theologen, so B. Meisner, F. Balduin, W. Franz und Jakob Martini entschieden den Sozinianismus. Da Sozinianer auch in Wittenberg studierten und dort Proselyten zu machen suchten, sind die vielen gegen sie gerichteten Disputationen in Wittenberg verständlich. In Dresden dürfte diese Polemik und Sachlage bekannt gewesen sein, ebenso z. B. auch die Rosenkreuzerbewegung mit ihren Auswirkungen.[29]

Benedikt Carpzov

Zu dieser Zeit war auch in Dresden das ganze gesellschaftliche wie persönliche Leben von der Kirche geprägt, überformt, ja reglementiert.[30] Jeder in Dresden anzustellende Geistliche war vom Kurfürsten zu bestätigen. Die große Mehrzahl der Dresdner Geistlichen führte den Magistertitel, die Superintendenten und Oberhofprediger waren fast alle Doktoren der Theologie, teilweise wissenschaftliche Größen ersten Ranges. Deutschland hatte damals etwa 18 Millionen Einwohner, die große Masse konnte gar nicht oder gerade eben lesen und schreiben, es dürfte in Deutschland damals etwa 50 000 akademisch Gebildete gegeben haben.

Sonntags wurden in Dresden insgesamt 23 Gottesdienste abgehalten. Zahlreich war noch das Latein im Gottesdienst, so wurden die Epistel und die Evangelien von den Geistlichen zum Teil noch lateinisch gelesen, Chor und auch Gemeinde sangen viele lateinische Lieder. Gepredigt wurde damals über die Evangelien, außerhalb der Sonntagsgottesdienste dagegen meist fortlaufend über ein biblisches Buch. Das führte zur Ermüdung der Hörer, Kirchenschlaf war nicht ungewöhnlich. Zeittypisch war, daß die Geistlichen ihre ganze Gelehrsamkeit auf der Kanzel ausbreiteten, dort mit Philosophie, lateinischer, griechischer, arabischer wie hebräischer Sprache und Literatur prunkten, dazu einen bombastischen Schwulst darboten. Eineinhalbstündige Predigten waren die Regel. Wegen des Kirchenschlafes kam Mitte des Jahrhunderts der Klingelbeutel auf. Der Kirchenbesuch war Pflicht oder selbstverständlich. Kirchliche, verquickt mit staatlichen Zuchtmaßregeln erwiesen sich häufig als nutzlos. Das zeigte sich im Donquichotterie-Kampf gegen zunehmende Unsittlichkeit (z. B. Zunahme unehelicher Kinder), Völlerei und Entartung des Luxus. Dennoch: man lebte mit dem Glauben und las die Bibel, hielt auch in den Bürgerhäusern mit dem Gesinde Hausandacht, das Tischgebet wurde selbst bei Hofe nicht vergessen. Daneben gab es aber auch ein reges geistig-philosophisches Leben.

August Buchner, zu Dresden geboren, erhielt 1616 den Wittenberger Lehrstuhl für Poesie, den er mehr als 45 Jahre innehatte. In Dresden hatte er zeitlebens einen stabilen Freundeskreis. Sein Briefwechsel mit den bedeutendsten Gelehrten seiner Zeit »bildet den wertvollsten Bestandteil der Epistolae Buchneri, der vollständigsten Briefsammlung, die wir von einem deutschen Dichter des 17. Jahrhunderts besitzen«.[31)] Buchner war Vermittler und fühlte sich als solcher, er verfaßte lateinische Dichtungen, Reden und gelehrte Prosawerke: Auftrags- bzw. Gelegenheitsarbeiten, auf die er besonders stolz war. Er edierte Ph. Melanchthons lateinische Grammatik, Dichtungen von Horaz, Plautus, die Briefe des jüngeren Plinius u. a. Alle Editionen sind von pädagogischem Interesse diktiert. Als Opitz-Anhänger propagierte Buchner die deutsche Literatur, für die es damals noch keinen Platz im Lehrbetrieb der Universität gab. Seit einem Aufenthalt von Martin Opitz im Hause Buchners in Wittenberg im Sommer 1625 datiert beider enge Freundschaft. »Fast alle literarischen Strömungen des 17. Jahrhunderts haben Vertreter, die in dem Hörsaal des Wittenberger Professors (d. i. Buchner – S.W.) ihre technische Schulung erhalten haben. Ich nenne hier Christian Gueintz, Justus Georg Schottelius, Jakob Thomasius, Josua Arnd, Christian Keimann, Paulus Gerhardt, Zacharias Lund, David Schirmer, Andreas Heinrich Buchholz, Johann Georg Schoch, Justus Siber, Jakob Schwieger, Johann Klaj, Philipp Zesen. Dazu gesellten sich noch solche, die sich wenigstens mittelbar dem Wittenberger verpflichtet fühlten, wie Johann Frank, Andreas Tscherning und, wenn man will, auch der junge Fleming.«[32)] Übrigens betont Buchner die enge Verwandtschaft von Philosophie und Poesie, ganz im Sinne des Neuplatonismus. 1638 verfaßt er, »von Heinrich Schütz aufgefordert, den dritten deutschen Operntext nach Opitzens ›Daphne‹ und ›Judith‹, ... den ›Orpheus‹«.[33)] Die Oper »Orpheus und Eurydike« war für die Hochzeit des späteren Kurfürsten Johann Georg II. mit Magdalena Sibylle, Tochter des Kurfürsten von Brandenburg, bestimmt. Die Aufführung erfolgte in Dresden am 20. 11. 1638.[34)]

Zwischen 1621 und 1623 wirkte Heinrich Albert, ein Neffe von H. Schütz, ein Jahr in Dresden. Seit 1631 festbestallter Königsberger Domorganist, war Albert »die eigentliche Integrationsfigur« des Königsberger Dichterkreises und hat vielleicht das bekannte Lied »Ännchen von Tharau« verfaßt.[35)] Damit nenne ich hier einen von vielen Dichtern jener Zeit, die Beziehungen zu Dresden unterhielten. Hier selbst wirkten im Dreißigjährigen Krieg Christian Brehme (1613/14–1667) und David Schirmer (1623–1687) als Hofpoeten.

Johann Seusse (um 1560–1631), der »literaturgeschichtlich noch immer änigmatische Kammersekretär«[36)], war Dichtergönner und selbst Dichter. Er bekleidete eine angesehene Stellung im kurfürstlich sächsischen Konsistorium und unterhielt engen Kontakt zu den berühmtesten Dichtern seiner Zeit, zu den Vertretern der sog. ersten schlesischen Dichterschule. Er wird u. a. von M. Opitz, P. Fleming und A. Tscherning erwähnt. Engen Kontakt pflegte er zu dem Wittenberger Professor der Poesie Friedrich Taubmann, der oft an den kurfürstlichen Hof zur Hebung der Stimmung berufen wurde. Taubmann und A. Buchner feierten Seusses Gedichte überschwenglich.

Christian Brehme, Sohn eines Leipziger Ratsherrn, bezog 1630 die Universität Wittenberg. Nach zwei Jahren wechselte er an die Leipziger Universität. Er studierte in der philosophischen und juristischen Fakultät und beteiligte sich engagiert am fröhlichen Studentenleben. Letzteres fand in zahlreichen seiner Lieder und Gedichte Niederschlag. Sein Freund und Vorbild war der Mitstudent P. Fleming. Die Kriegsereignisse führten Brehme 1633–1636 in den Kriegsdienst. 1636–1638 begegnen wir ihm erneut in Leipzig, 1637 erscheint seine erste Gedichtsammlung. Am 15. 9. 1639 erhielt Brehme eine Anstellung als Geheimer Kammerdiener beim Kurprinzen in Dresden. 1640 veröffentlichte er eine weitere Gedichtsammlung, 1647 einen z. T. schon in der Leipziger Zeit entstandenen Schäferroman. Von 1640 bis 1654 war Brehme kurfürstlicher Bibliothekar; 1642 war er in den Dresdner Rat gewählt worden. Am 1. 5. 1657 wurde er zum regierenden Bürgermeister gewählt. Bis 1667 war er insgesamt viermal regierender und ebenso oft beisitzender Bürgermeister. Er unterhielt freundschaftliche Beziehungen zu Philipp von Zesen, Johann Rist, G. Ph. Harsdörffer, A. Buchner, ebenso zu J. Franck und J. Sieber. Natürlich auch zu den Dresdner Dichtern J. Bohemus, D. Schirmer, Adam Krieger und Gabriel Tzschimmer.[37)] Brehme schätzt J. Arndt, und nach 1647 gewinnt der Erbauungsschriftsteller und geistliche Dichter in ihm überhand. Seit 1660 hat er nicht mehr als Dichter gewirkt. Brehme ging von der Gelegenheitsdichtung aus, und einige seiner Dichtungen tragen bereits durchaus volkstümliche Züge.

David Schirmer stammt aus Pappendorf bei Hainichen. Er erlebte die Freiberger Belagerung durch die Schweden und besuchte das Gymnasium in Freiberg und Halle. 1641 bezog er die Universität Leipzig; hier erschien seine erste von insgesamt 76 größeren Dichtungen. Schirmer gehörte dem Leipziger Dichterkreis an; auch für ihn wird Finckelthaus' Lyrik prägend. 1645 bis 1648 studiert Schirmer in Wittenberg, wo A. Buchner auf ihn Einfluß gewinnt. 1647 wird er in die »Teutschgesinnete Gesellschaft« seines Leipziger Studienfreundes Ph. von Zesen als 41. Mitglied aufgenommen, ab Dezember 1648 ist er wieder in Leipzig nachweisbar. Hier bereitet er eine Sammlung seiner Gedichte vor, die 1650 in Halle erschien. Die Gesamtausgabe »Poetische Rosengepüsche, von ihm selbsten auffs fleißigste übersehen, mit einem gantz neuen Buche vermehret und in allen verbesserter herausgegeben« erschien 1657 in Dresden. A. Buchner empfahl D. Schirmer nach Dresden als Hofpoeten. Eine Besoldung war damit nicht verbunden. Das befriedigte ihn so wenig, daß er 1653 Dresden verlassen wollte. Darauf erhielt er ein Gehalt von jährlich 218 Talern. 1683 schreibt Schirmer über seine Dresdner Zeit: «... (es) sind mir allerhand theatralische Sachen an Opern, Balletten, auf dem Theatro dem Riesensahle und bei den Feuerwerk zu verfertigen gnädigst anvertraut worden.« Zum 66. Geburtstag Johann Georgs I. am 5. 5. 1650 verfaßte er ein Singspiel, das am 6. 5. im Kirchsaal aufgeführt wurde. Zur Doppelhochzeit der Prinzen Christian und Moritz am 10. 11. 1650 verfaßte er das »Ballet von dem Paris und der Helena«.[38)] Nach Gottsched ist dies »nach Opitzens Daphne die erste Dresdner Oper, die gleich nach dem westphälischen Frieden gleichsam das Signal zu allen deutschen Opern gegeben hat.«[39)] Am 21. 11. 1655 erfolgt auf Chr. Brehmes Bitte um Entlassung und auf dessen Empfehlung Schirmers Ernennung zum Bibliothekar: der Kurprinz hatte sich auch für ihn eingesetzt. Nach dem Tode Johann Georgs I. erneuerte Johann Georg II. Schirmers Bestallung. »Das Bibliothekarsgehalt, das David Schirmer ... im Jahre 1656 bezog, betrug 100 Gulden im Jahr und entsprach damit dem Einkommen eines Hofbarbiers oder dem des am schlechtesten bezahlten Kapellinstrumentalisten.«[40)] Dennoch spielte Schirmer jetzt im geistigen und gesellschaftlichen Leben Dresdens eine Rolle.

Anmerkungen

1) W. Dane, Briefwechsel zwischen dem landgräflich hessischen und dem kurfürstlich sächsischen Hof um Heinrich Schütz (1614–1619), in: Zeitschrift für Musikwissenschaft, Leipzig 17 (1935/36), S. 344. Vgl. W. Steude: Neue Erkenntnisse zur Schütz-Biografie. In: Dresdner Hefte, Dresden 7 (1985), S. 74–82.

2) Vgl. Geschichte Sachsens, hrsg. von K. Czok, Weimar 1989, S. 208–296; C.V. Wedgwood, Der 30jährige Krieg, 10. Aufl., München–Leipzig 1998, S. 55–57, 103, 243–248.

3) E. Sparmann, Dresden während des 30jährigen Krieges, Dresden 1914, S. 10; vgl. M. B. Lindau, Geschichte der königlichen Haupt- und Residenzstadt Dresden von den ältesten Zeiten bis zur Gegenwart. 2. verb. Aufl., Dresden 1885, S. 418–501; E. H. Müller, Heinrich Schütz in Dresden, in: Deutsche Musik, Dresden 3 (1935), S. 58–74.

4) Ebenda, S. 11–13; E. G. M. Freiherr von Friesen, Die Friesen als Hausbesitzer in Dresden. In: Dresdner Geschichtsblätter, Dresden 3 (1894), S. 134ff.; vgl. H. Schütz, Gesammelte Briefe und Schriften, hrsg. von E. H. Müller, Regensburg 1931, S. 135f. (Reprint Hildesheim, New York 1976); A. Hantzsch, Hervorragende Persönlichkeiten in Dresden und ihre Wohnungen, Dresden 1918, S. 13.

5) E. Sparmann, Dresden während des 30jährigen Krieges, S. 32f., S. 76f.

6) S. Wollgast, Philosophie in Deutschland zwischen Reformation und Aufklärung 1550 bis 1650, 2. Aufl., Berlin 1993, S. 128–220.

7) Vgl. H. Leube. Die Reformideen in der deutschen lutherischen Kirche zur Zeit der Orthodoxie, Leipzig 1924, S. 61 f.; H. Leube, Die Theologen und das Kirchenvolk im Zeitalter der Orthodoxie, in: H. Leube, Orthodoxie und Pietismus. Gesammelte Studien, hrsg. von D. Blaufuß, Bielefeld 1975, S. 36–74.

8) Vgl. S. Wollgast, Zur Stellung des Gelehrten in Deutschland im 17. Jahrhundert, in: S. Wollgast, Vergessene und Verkannte, Berlin 1993, S. 154–228. Zu Hoë von Hoenegg: Neue Deutsche Biographie, Bd. 9, Berlin/West 1974, S. 300f.

9) Vgl. H. Leube, Die Reformideen in der deutschen lutherischen Kirche zur Zeit der Orthodoxie, S. 45–63; W. Sparn, Wiederkehr der Metaphysik, Die ontologische Frage in der lutherischen Theologie des frühen 17. Jahrhunderts, Stuttgart 1976.

10) Vgl. A. Tholuck, Der Geist der lutherischen Theologen Wittenbergs im Verlaufe des 17. Jahrhunderts, Theilweise nach handschriftlichen Quellen, Hamburg–Gotha 1852, S. 121; vgl. S. 104–105, 138–140.

11) Zit. ebenda, S. 144.

12) Vgl. C. Kirchner, M. Zachäus Faber. Eine biographische Skizze, in: Chemnitzer Tageblatt und Anzeiger, Chemnitz 37 (1884) 89 v. 12.4., 2. Beil.; 91 v. 15.4., 2. Beil.. Vgl. V. Weigel, Ausgewählte Werke, hrsg. und eingel. von S. Wollgast, Berlin 1977, S. 100–110.

13) E. Otto, Die Schriften des ersten kursächsischen Oberhofpredigers Hoë von Hoenegg, kritisch gesammelt und geordnet, in: Jahresbericht des Vitzthumschen Gymnasiums, Dresden 1898, S. 7.

14) Vgl. H. Knapp, Matthias Hoë von Hoenegg und sein Eingreifen in die Politik und Publizistik des Dreißigjährigen Krieges, Halle 1902, S. 19.

15) M. Hoë von Hoenegg, Ernste vnd abgedrungene gegen Antwort / Auff das Lästerhafftige Sendschreiben … von Herrn Jacob von Grunthal …, Leipzig 1621, S. 19, 45.

16) M. Hoë von Hoenegg, Unvermeidentliche Rettung Churfürstl. Durchl. zu Sachsen gethaner Gewissens-Frag / und darauff erfolgter Antwort / Ob die Evangelischen / dem Calvinismo zum besten / die Waffen ergreiffen / und in omnem eventum, allein / umb des Calvinismi willen / den hochnöthigen Frieden im H. Röm. Reich außschlagen / hingegen mit den blutigen Waffen fortfahren können / und sollen / Wider eine gifftige Lästerschrifft / eines ungenanten Calvinischen Tockmausers …, Leipzig 1635; vgl. H. Knapp, Matthias Hoë von Hoenegg und sein Eingreifen in die Politik und Publizistik, S. 10f.

17) H. J. Moser, Heinrich Schütz. Sein Leben und Werk, Kassel 1936, S. 8.

18) O. Brodde, Heinrich Schütz, Weg und Werk, Berlin 1985, S. 94.

[19] J. Böhme, Theosophische Send-Briefe, in: J. Böhme, Sämtliche Schriften, neu hrsg. von W.-E. Peuckert, Bd. 9, Stuttgart 1956, S. 230 (60,5).

[20] Ebenda, S. 225 (57,3); vgl. S. 232 (61, 1–3) u. 237 (62,3). Zu B. Hinckelmann vgl. R. Jecht, Die Lebensumstände Jakob Böhmes, in: Jakob Böhme. Festgabe der Stadt Görlitz zu seinem 300. Todestage, hrsg. von R. Jecht, Görlitz 1924, S. 47 f.

[21] Ebenda, S. 239 f. (63,2).

[22] In der Sächsischen Landesbibliothek zu Dresden befindet sich die Leichenpredigt von Ae. Strauch auf J. M. von Schwalbach (Signatur: Hist. Sax. D 588, 1).

[23] J. Böhme, Theosophische Send-Briefe, S. 240 (63, 3–4).

[24] Ebenda, S. 236 f. (62, 4–5). Chr. Schlegel, Lebens-Beschreibung Hn. Aegidii Strauchens / Der Heil. Schrifft weitberühmten Doctoris ... und In der Ordnung des fünfften von Anfang der Reformation in Dreßden gewesenen Superintendentens, Dresden 1698, S. 29.

[25] C. Weißner, Wahrhaftige Relation ... von des sel. Jacob Böhmen Sanftmuth, Demuth und Freundlichkeit, it. von dem Examine zu Dreßden ... In: J. Böhme, Sämtliche Schriften Bd. 10, Stuttgart–Bad Cannstatt 1988, S. 38 f.

[26] Vgl. zu mystischen Elementen bei H. Schütz: H. Schütz, Gesammelte Briefe und Schriften, S. 154, 360.

[27] Deutsche Geschichte, Bd. 3: Die Epoche des Übergangs vom Feudalismus zum Kapitalismus von den siebziger Jahren des 15. Jahrhunderts bis 1789. Autorenkollektiv: A. Laube, G. Vogler (Leiter), Berlin 1983, S. 298. Vgl.: B. Gloger, W. Zöllner, Teufelsglaube und Hexenwahn, Leipzig 1983, S. 124–138; J. Diefenbach, Der Hexenwahn vor und nach der Glaubensspaltung in Deutschland. Mainz 1886 (Reprint Leipzig 1979).

[28] Vgl. S. Wollgast, Philosophie in Deutschland zwischen Reformation und Aufklärung 1550–1650, S. 367–409.

[29] Vgl. ebenda, S. 263–345.

[30] Vgl. zum ff.: Paul Flade: Das kirchliche Leben Dresdens im Jahrhundert der Orthodoxie, in: Dresdner Geschichtsblätter, Dresden 10 (1901) S. 33–38.

[31] H. H. Borcherdt, Augustus Buchner und seine Bedeutung für die deutsche Literatur des siebzehnten Jahrhunderts, München 1919, S. 19.

[32] Ebenda, S. 43.

[33] Ebenda, S. 108; vgl. M. Fürstenau, Zur Geschichte der Musik und des Theaters am Hofe zu Dresden, Fotomechan. Nachdr. der zweibändigen Originalausg. Dresden 1861–1862 in einem Bd., hrsg. von W. Reich, Leipzig 1971, S. 102–105; M. Gregor-Dellin, Heinrich Schütz. Sein Leben – sein Werk – seine Zeit, Berlin 1985, S. 228–237.

[34] Text erstmals in: A. H. Hoffmann von Fallersleben, August Buchner, in: Weimarisches Jahrbuch für deutsche Sprache, Litteratur und Kunst, Hannover 2 (1855) S. 13–39.

[35] W. Segebrecht, Simon Dach und die Königsberger. In: Deutsche Dichter des 17. Jahrhunderts. Ihr Leben und Werk, hrsg. von H. Steinhagen und B. von Wiese, Berlin (West) 1984, S. 256.

[36] J. U. Fechner, Paul Fleming, in: ebenda, S. 369. Vgl. Allgemeine Deutsche Biographie, Bd. 34, Leipzig 1892, S. 67 f.

[37] Vgl. G. Beutel, Bürgermeister Christian Brehmes, ein Dichter des 17. Jahrhunderts, in: Dresdner Geschichtsblätter, Dresden 9 (1900), Nr. 3, S. 275; O. Meltzer, M. Johann Bohemus, Kais. gekrönter Poet, Rector der Kreuzschule zu Dresden 1639–1676. Ein Beitrag zur Geschichte der Pädagogik und Literatur. In: Jahrbücher für Philologie und Paedagogik, Leipzig 112, Bd. = 21. Jhrg. 1875, S. 190–245, 269–287.

[38] Vgl. K. E. Kunath, David Schirmer als Dichter und als Bibliothekar. Ein Beitrag zur Geistesgeschichte Kursachsens im 17. Jahrhundert. Phil. Diss. Leipzig 1922, S. 11–17, S. 63, S. 65. Zum Gesamtkomplex vgl. auch: A. J. Harper, David Schirmer – a Poet of the German Baroque, Stuttgart 1977; M. Fürstenau, Zur Geschichte der Musik und des Theaters am Hofe zu Dresden, S. 117–127.

[39] J. Chr. Gottsched, Nöthiger Vorrath zur Geschichte der deutschen Dramatischen Dichtkunst, oder Verzeichniß aller Deutschen Trauer- Lust- und Sing-Spiele, die in Druck erschienen, von 1450 bis zur Hälfte des jetzigen Jahrhunderts, Leipzig 1757, S. 203.

[40] K. E. Kunath, David Schirmer, S. 61.

Klaus-Peter Möller

Von der Jubelfeier zum Dankgebet – Literatur in Sachsen in der ersten Hälfte des 17. Jahrhunderts

Sachsen[1] hat bei der Herausbildung der modernen deutschen Sprache und Literatur eine bedeutende Rolle gespielt. Das Ostmitteldeutsche, die Sprache Luthers, wurde zur Grundlage für die Entwicklung der deutschen Einheitssprache. Sprachtheorie und Sprachpraxis der Muttersprache erfuhren durch das Wirken der Fruchtbringenden Gesellschaft wesentliche Impulse. Buchdruck und Buchhandel konzentrierten sich seit der Reformation besonders in Sachsen; bereits in der ersten Hälfte des 17. Jahrhunderts hatte Leipzig Frankfurt den Rang abgelaufen und sich zur wichtigsten Buchmesse im Reich entwickelt.[2] Eine Betrachtung der Literatur Sachsens gewinnt in diesem Zusammenhang besonderes Interesse.

Auch in den von den Wolken des Dreißigjährigen Krieges und den Schrecken der Pest verfinsterten Jahrzehnten findet sich eine Menge Literatur von und über Sachsen. Im Verzeichnis der Drucke des 17. Jahrhunderts (VD 17)[3] erhält man bereits gegenwärtig unter dem Stichwort »Sachsen« Informationen zu ca. 2000 Drucken aus der Zeit von 1600–1650, im Katalog des Gemeinsamen Bibliotheksverbunds (GBV)[4] sind ca. 2500 Titel verzeichnet. Zu den noch heute bekannten Autoren, die aus Sachsen stammen bzw. hier gewirkt haben, gehören der Dresdner August Buchner (1591–1661); der aus Hartenstein im Erzgebirge gebürtige Paul Fleming (1609–1640), der sich gemeinsam mit dem aus Aschersleben stammenden Adam Olearius (1599–1671) an der berühmten Expedition nach Persien (1635–1639) beteiligte; der in Pappendorf bei Freiberg geborene David Schirmer (1623–1683); Philipp von Zesen (1619–1689), der Mitbegründer der Teutschgesinnten Genossenschaft in Hamburg und Johann Klaj (1610–1656)[5], der Mitbegründer des Pegnesischen Hirten- und Blumenordens in Nürnberg; die Verfasser protestantischer Kirchenlieder Paul Gerhardt (1607–1667), Heinrich Albert (1604–1651) und Martin Rinckart (1586–1649). Es ließen sich zahlreiche weitere Autoren nennen, etwa der kursächsische Oberhofprediger Matthias Hoë von Hoenegg (1580–1645)[6], eine der interessantesten und schillerndsten Gestalten des frühen 17. Jahrhunderts, die Leipziger Gottfried Finckelthaus (1614–1648)[7] und Christian Brehme (1613–1667)[8], der Dresdner Rudolf von Dieskau (1593–1656)[9], die Hofpoeten Ernst Geller und Constantin Christian Dedekind, der Topograph Wilhelm Dilich, der Jurist Benedikt Carpzov.

Wichtige literarische Zentren Sachsens waren die kursächsische Residenzstadt Dresden, die Universität Wittenberg, die als Geburtsstätte der Reformation große Anziehungskraft auf Studenten aus protestantischen Gebieten ausübte, Leipzig mit seiner bereits 200 Jahre alten

Universität und den Buchmessen, den Gymnasien und Lateinschulen und die drei im 16. Jahrhundert gegründeten Fürstenschulen St. Afra in Meißen, St. Augustin in Grimma und St. Marien Pforta (Schulpforta) in der Nähe von Naumburg.

Im folgenden sollen ausgewählte Bereiche der Literatur dieses Zeitraums kursorisch umrissen werden.

August Buchner

Gelegenheitsdichtung

Die Literatur, die in der ersten Hälfte des 17. Jahrhunderts entstand, war in großen Teilen Gelegenheitsdichtung. Sie diente der Repräsentation der Adressaten und dem Bildungsnachweis der Autoren. Eine Untersuchung der in Sachsen (wie in allen Ländern des Reichs) derzeit massenhaft produzierten Gelegenheitsschriften ermöglicht also nicht nur eine Einschätzung der schöpferischen Potenz der Autoren im Sinne von Nachahmung und Wettstreit mit den anerkannten Vorbildern, sie vermittelt auch ein facettenreiches Bild der Gesellschaft jener Zeit, ihrer Persönlichkeiten und Institutionen und deren Beziehungen. Auch eine inhaltliche Entwicklung läßt sich beobachten. Zu Beginn des Jahrhunderts entstammen die Inventionen den allgemeinen Stoffquellen der Antikerezeption und der Bibel, in den 30er Jahren finden sich vermehrt Buß- und Dankreminiszenzen, in den späten 40er Jahren wird das Friedensmotiv beherrschend auch in der Gelegenheitsdichtung.

Gelegenheiten, die in besonderem Maße die Produktion occasioneller Dichtung veranlaßt haben, waren neben den turnusmäßig wiederkehrenden Feierlichkeiten (Geburts- und Namenstage der Fürsten, Neujahrstage usw.) vor allem herausragende dynastische Ereignisse und politische Siege – der Regierungsantritt Christians II. (1601), die Hochzeit Christians II. mit Hedwig von Dänemark (1602), das Beilager seines Bruders Johann Georg mit Sibylla Elisabeth von Würtemberg-Teck (1604), der Tod des Kurfürsten Christians II. (1611), der habsburgische Staatsbesuch in Dresden (1617)[10], die beiden Reformationsjubiläen (1617, 1630), der Dresdner Akkord und die Huldigung der schlesischen Stände (1621), der Tod der Herzogin Sophia, geb. Markgräfin von Brandenburg (1622) und die Hochzeit des Kurprinzen Johann Georg (II.) mit Magdalena Sibylla von Brandenburg (1638). Natürlich wurde die Produktion von Gelegenheitsdichtung auch durch entsprechende Ereignisse in den anderen sächsischen Linien, im Adel, im Patriziat und im Bürgertum veranlaßt.

Paul Fleming, Radierung von A. M. Schnurmann

Theologischer Diskurs

100 Jahre nach der Reformation hatte sich die protestantische Kirche in mehrere rivalisierende Richtungen aufgespaltet, deren Vertreter einander verbissen bekämpften. Als Hauptmacht der lutherischen Orthodoxie spielte Kursachsen eine bestimmende Rolle in dieser folgenschweren Auseinandersetzung. Mit heftigen Ausfällen beteiligte sich der sächsische Oberhofprediger Matthias Hoë von Hoenegg an dieser Kontroverse, wodurch er Kritik und Satire der Gegenpartei auf sich zog. Der Glaubenskampf zwischen den reformierten und den orthodoxen Theologen wurde nicht nur in theologischen Streitschriften, sondern auch in populär abgefaßten, anonym erscheinenden Prosadialogen und Flugschriften ausgetragen.[11] Das mit großer Solennität gefeierte Reformationsjubiläum war ein hervorragender Anlaß zur Repräsentation.

Flugschriften und »Neue Zeitungen«

Flugschriften und »Neue Zeitungen« waren wichtige Medien aktueller Information und politischer Einflußnahme für weite Kreise. Die oft anonymen Schriften geringeren Umfangs waren auf die Verbreitung von Nachrichten spezialisiert, nicht selten auf Sensationen, sie konnten unmittelbar auf aktuelle Ereignisse reagieren, und sie erreichten ein bedeutendes, weit gestreutes Publikum.[12] Das Gewicht Kursachsens im Mächtegefüge des Reiches und das Lavieren Johann Georgs I. zwischen den Parteiungen haben dazu geführt, daß die Politik Sachsens zu einem wichtigen Gegenstand der Flugschriftenliteratur wurde. Der 30jährige Krieg war begleitet von einer Sintflut politischer Flugschriften der verschiedenen Lager. Außerordentlich zahlreich waren die gezielt eingesetzten Dokumentenpublikationen, die der ideologischen Kriegführung dienten. Alle wichtigen Ereignisse wurden von Flugschriften und Neuzeitungen aufgegriffen – der böhmische Aufstand, die militärischen Ereignisse, der Dresdner Akkord (1621), der Eintritt Schwedens in den Krieg, der Prager Frieden (1635). Unmittelbar nach der Schlacht am Weißen Berg wurde in Dresden ein Zeitungsbericht gedruckt.[13] Neuzeitungen berichteten über die Schlacht bei Leipzig (1631)[14], die Zerstörung Bautzens (1634)[15], die Belagerung und Entsetzung Freibergs (1639)[16], die Belagerung von Görlitz (1641).[17] Die inflationäre Geldentwertung durch die Abkoppelung des nominalen Geldwertes vom Edelmetallgehalt zu Beginn der 20er Jahre (Kipper- und Wipperzeit) war ein besonderer Gegenstand der Flugschriftenliteratur. In einer Neuzeitung von 1637 teilte ein gewisser Astrophilus Christianus mit, daß am 13. März 1634 in der Elbe bei Dresden ein ungeheuerer Seehund gesehen worden sei, der am 20. März zwischen Meißen und Dresden gefangen und erlegt werden konnte, und er schlußfolgerte, dies sei ein Vorbote der schrecklichen Verwüstung Sachsens durch die Schweden gewesen.[18] Die sich abzeichnenden Höhepunkte publizistischer Tätigkeit in Sachsen in den Jahren 1601/02, 1611/12, 1620–1623, 1630/31 und 1635 sind durch die Gelegenheitsdichtung und die Emission von Flugschriftenliteratur verursacht worden.

Fruchtbringende Gesellschaft

Die Fruchtbringende Gesellschaft, die erste und bedeutendste Sprachgesellschaft in Deutschland, nach deren Vorbild in der Folgezeit zahlreiche andere Gesellschaften gegründet wurden, hat der literarischen Produktion und der Entwicklung der Sprachtheorie in Deutschland nachdrückliche Impulse verliehen.[19] Ins Leben gerufen wurde der Palmenorden am 24. August 1617 in Weimar, wo mehrere sächsische und anhaltiner Fürsten anläßlich der Begräbnisfeierlichkeiten für die Herzogin Dorothea Maria von Sachsen-Weimar, geb. von Anhalt, zusammengekommen waren. Zu den Gründungsmitgliedern gehörten u. a. Caspar von Teutleben[20], Ludwig von Anhalt[21], das erste Oberhaupt der Fruchtbringenden Gesellschaft, Johann Ernst[22], Friedrich[23] und Wilhelm[24] von Sachsen-Weimar. Erklärter Zweck des Palmenordens war, »... daß man die Hochdeutsche Sprache in ihrem rechten wesen und standt / ohne einmischung frembder außländischer wort / auffs möglichste und thunlichste erhalte / und sich so wohl der besten außsprache im reden / als der reinesten art im schreiben und Reimen-dichten befleißigen.«[25] Neben adligen Personen (darunter 17 Fürsten aus dem Hause Anhalt und 22 Herzöge zu Sachsen)[26] gehörte zu den Mitgliedern der Fruchtbringenden Gesellschaft, was in der deutschen Literatur Rang und Namen hatte. Als Martin Opitz 1624 sein »Buch von der Deutschen Poeterey« niederschrieb, das zur Programmschrift der sich neu formierenden deutschen Literatur werden sollte, wußte er sich im Einklang mit den Zielen des Palmenordens, der ihn 1629 mit der Aufnahme und dem Gesellschaftsnamen »Der Gekrönte« ehrte.

Literatur als Bestandteil des höfischen Festes

Der angesehenste, mächtigste und reichste deutsche Fürstenhof neben dem der Habsburger mußte, was Glanz und Pracht verleihen konnte, nachahmen und womöglich zu übertreffen suchen. Das höfische Fest wurde zur zentralen Form der Repräsentation. Pomphafte Triumphzüge, glänzende Turniere, Maskeraden, Hatzjagden, üppige Festmahle, aber auch musikalische, theatralische und literarische Darbietungen dienten nicht nur der Belustigung der Zuschauer, sondern auch und vor allem der Repräsentation. Zu den Tafelfreuden gehörten neben den Speisen und Getränken auch die »Glückwünschungen«, also die Gratulationsgedichte, musikalische und theatralische Darbietungen, Allegorien und Ballette. Begrüßungsorationen, Festpredigten und Carmina waren unabdingbare Bestandteile eines jeden Hoffestes. Ein Fest ohne literarische Bestandteile war undenkbar.

Charakteristisch für die Feste am kursächsischen Hof waren die sogenannten Inventionen[27], die der Ausgestaltung ganzer Abschnitte der Feierlichkeiten zugrunde gelegt wurden. So wurden die Einmärsche zu den Ringrennen als prachtvolle Inventionsaufzüge gestaltet, zu denen sich sämtliche Turnierteilnehmer nach einem raffiniert ausgearbeiteten Programm verkleideten. Von

1. Ein Kurtzer warhaffti-ger Bericht / von wegen der jetzt newlichen bey Prag fürgangenen Haupt-schlacht.

Geschehen am Sontage des 8. Novembr. Stylo Novo, In diesem 1620. Jahre.

Item / Von ergebung der Stadt Prag an jhre Römische Käyserliche Majestät / etc.

Gedruckt zu Dreßden / Im Jahr Christi 1620.

Bericht über den Prager Frieden, Titelblatt, Dresden 1620

Musikern flankierte Reiter und Prunkwagen mit exotischen, historischen oder emblematisch-allegorischen Darstellungen marschierten im Triumphzug auf, als Abschluß und Höhepunkt erschien, ebenfalls verkleidet und eine bestimmte Rolle verkörpernd, der Kurfürst selbst.[28] Ein gedrucktes Cartell, das vor dem Beginn der Invention publiziert wurde, enthielt die notwendigen Erklärungen und Anweisungen für die Teilnehmer.

Sowohl Christian II. als auch Johann Georg I. haben ihre höfischen Feste durch Inventionen geschmückt, aber sie haben diese Kunstform auch weiterentwickelt und auf andere Bereiche ausgedehnt. Sehr beliebt waren die sogenannten Wirtschaften und Königreiche, Hofbälle, bei denen alle Teilnehmer entsprechende Rollen übernahmen. Anläßlich der Hochzeit von Christian II. und Hedwig von Dänemark (12. 9. 1602) kam es zu einem prachtvollen Einzug in Dresden, an dem 1500 Pferde beteiligt waren. »Auf der Elbe hat sich in wehrendem Einzuge ein Wallfisch / item der Neptunus samt Vier Meer-Roßen … præsentiret.«[29] Selbst Feuerwerke wurden nicht mehr einfach so abgebrannt, sondern als Invention gestaltet. So fand anläßlich des Beilagers zwischen dem Kurprinzen Johann Georg (II.) und Magdalena Sibylla von Brandenburg am Abend des 18. 11. 1638 ein Feuerwerk statt, bei dem ein Kampf der Tugenden und Untugenden um eine am Elbufer errichtete Burg entbrannte, den natürlich die Tugenden für sich entschieden. Anläßlich der Doppelhochzeit der Kurprinzen Christian und Moritz mit den beiden Töchtern des Herzogs Philipp zu Schleswig-Holstein, die 1650 in Dresden gefeiert wurde, gab es ein Inventions-Feuerwerk, das die Eroberung des goldenen Flieses durch Jason darstellte, ein Ballett, das von 7 Uhr abends bis Mitternacht dauerte, und eine »Engelländische Comœdia«.[30]

Theater

Hoftheater, Schultheater, Laienschauspiel und Darbietungen von Wanderschauspielern auf Volksfesten waren die wichtigsten Formen des Theaterspiels in der frühen Neuzeit auch in Sachsen. Am Hof fanden theatralische Darbietungen bei allen festlichen Gelegenheiten statt. Ballett, Schauspiel, Pantomime, Maskerade, Deklamation und Gesang durchdrangen und ergänzten einander. Im Jahr 1600 wurde in Torgau Andreas Hartmanns Bearbeitung von Bartholomäus Ringwaldts »Beschreibung des Zustandes im Himmel vnd der Hellen« aufgeführt.[31]

1601 trat Christian Forchheim mit einer römischen Tragödie in Dresden auf.[32] 1604 führte der Cand.Theol.Andreas Cotta vor der verwitweten Kurfürstin Sophie (Witwe Christians I.) auf dem Schloß zu Colditz die Komödie Esther auf.[33] Im Jahre 1613 spielte der Hofbarbier Melchior Meyer mit mehreren Personen aus der Stadt den Amadis vor dem Dresdner Hof.[34] Auch die kurfürstlichen Prinzen beteiligten sich am Komödienspiel.[35]

Ein eigens für das Theater errichtetes Gebäude hat es in Dresden vor der Jahrhundertmitte nicht gegeben. Theateraufführungen fanden im Freien oder in einem Saal des Schlosses statt, insbesondere im Riesensaal, der 1627 durch Wilhelm Dilich für die neuen Bedürfnisse eingerichtet wurde. Erst 1664 legte Johann Georg II. den Grundstein für das erste Theatergebäude in Dresden, das Comoedien-Haus, das 2000 Zuschauern Platz bot. Es wurde von Wolf Caspar von Klengel (1630–1690) in unmittelbarer Nähe zum Residenzschloß errichtet, und zwar an der Stelle, wo sich zuvor das Ballhaus befunden hatte. Vom Schloß aus war das Theater über eine Loggia zu erreichen.[36] 1708 wurde es zur katholischen Hofkapelle umfunktioniert. 1719 wurde das große Opernhaus am Zwinger eingeweiht. Die Dekorationen und Maschinen für die Inventionen wurden in einem eigenen Gebäude, dem Invention-Hauß, aufbewahrt.[37]

Im 16. Jahrhundert hatte sich in Sachsen ein reges evangelisches Schultheater entwickelt. Orte besonderer Ausstrahlung waren Zwickau, Wittenberg und Kahla.[38] Diese Tradition wurde auch im 17. Jahrhundert fortgeführt und erreichte in der zweiten Jahrhunderthälfte ihre Blüte. In Schulpforta wurde zweimal jährlich gespielt. 1627 führte der Cantor zu Schneeberg, Heinrich Spillner, mit seinen Schülern ein Stück über Luther vor dem Reichstag zu Worms auf. Die Schüler zu Freiberg gaben 1628 mehrere Vorstellungen, und zwar eine lateinische Comödie nach Plautus und zwei deutsche.[39]

Wanderschauspieler, vor allem englische, italienische und französische Banden, die das ganze Reich bereisten, haben auch Sachsen besucht und ihr Repertoire auf Jahrmärkten und Volksfesten dargeboten. Nicht selten wurden sie auch zu Privatvorstellungen eingeladen. So war die Truppe von John Green 1626 am Dresdner Hof engagiert. 29 Stücke kamen während dieser Zeit zur Aufführung, darunter fünf Bearbeitungen von Werken Shakespeares.[40] Am 17. Juni 1630 zahlte die Kurfürstin dem Franzosen Jakob Rabel und seinen Consorten, die auf dem vorderen Schloßhof auf dem Seil getanzt und ein Theaterstück aufgeführt hatten, 15 Reichstaler.[41] 1626 erhielt Hans Schilling aus Freiberg ein Patent, das ihm gestattete, zusammen mit Johann Christoph Lengsfeld die Kunst des Springens und Komödienspiels in kursächsischen Landen auszuüben.[42] Auch am Hof ließ man sich seine Künste vorführen.

Bibliotheken

Bedeutende Büchersammlungen waren in den verschiedenen Schlössern, an den Universitäten und höheren Schulen, in städtischen Gebäuden und evangelischen Kirchen entstanden. Außerdem gab es hervorragende Sammlungen von gelehrten Bibliophilen. Die ältesten Bibliotheken Sachsens, die in Klöstern und Domkapiteln oft über Jahrhunderte zusammengetragenen Sammlungen wertvoller Handschriften und Drucke, waren während der Reformation bis auf wenige Ausnahmen aufgehoben und anderen Bibliotheken übereignet worden[43], insbesondere den Universitätsbibliotheken und den Bibliotheken der Schulen und Gymnasien.

Die kurfürstliche Bibliothek in Dresden, die am Ende des 16. Jahrhunderts 5668 Bände und 91 Landkarten und Kupferstiche umfaßte[44], fristete in der ersten Hälfte des 17. Jahrhunderts ein Schattendasein. Johann Georg I. war kein Verehrer der Büchergelehrsamkeit, sein Vergnügen war die Jagd. In seinem Haushalt für 1629 stehen den 250 Talern, die als Etat für die Kunstsammlungen und die Bibliothek ausgewiesen sind, 41 000 Taler für Jagdgeschirr, Hunde und Jagdgehilfen gegenüber, zu denen noch 9200 Taler für unterschiedliche Jägereiausgaben und 5528 Taler Jagdgeld und Ausgaben für die Pferde usw. kamen.[45] Die Jagd läßt er sich also ein vielfaches dessen kosten, was für Literatur und Kunst erübrigt wird – in einer Zeit, in der Gelehrsamkeit als eines der höchsten Güter geschätzt wurde, in der an anderen Höfen bedeutende Büchersammlungen entstanden[46], in der der Geistesadel stolz den Beweis seiner Ebenbürtigkeit mit dem Geburtsadel antrat.

»O Schwert, laß sein, es ist genug«

An den literarischen Texten lassen sich die Nöte und Sorgen, die Ängste und Zweifel, aber auch die Freuden und Hoffnungen der Menschen dieser Zeit ablesen. Die verheerenden Folgen von Krieg und Pest sind in der Dichtung immer wieder dargestellt worden. Oft lassen die Autoren die Frau Germania auftreten, die bitter darüber klagt, daß ihre Städte zerstört sind, ihre Dörfer und Felder verwüstet, die Häuser verbrannt, die Kirchen eingerissen, Menschen und Tiere ermordet. Rot von Blut sind die Gewässer, und die Flüsse wollen nicht mehr fließen, weil sie von Leichen verstopft sind. Mit welcher Sehnsucht wurde der Frieden herbeigewünscht, und mit welcher Erleichterung und Freude wurde der endlich erreichte Friedensschluß von 1648 begrüßt.

In seiner Neujahrsode zum Jahr 1633 beklagt Paul Fleming die Zerstörungen des Landes Sachsen:

O du zweimal wüstes Land,
Von der Feinde bösen Hand,
Ach, du liebes Meißen du,
Wie bistu gerichtet zu!

Deine Felder liegen bloß,
Deine Flüsse werden groß,
Groß von Tränen, die man geußt
Und als Ströme fließen heißt.

Deine Dörfer sind verbrannt,
Deine Mauren ümgerannt,
Deine Bürger sind verzagt,
Deine Bauren ausgejagt.

Aller Vorrat ist verzehrt,
Alle Kammern ausgelehrt,
Alle Kasten sind besucht,
Unsre Schätze hat die Flucht.[47] […]

Johann Klaj ruft mit seinem Gedicht »Teutschland betet« alle Stände auf, endlich Frieden zu machen.

Gott, du bester Kriegszerbrecher,
Mache Fried, Fried, es ist Zeit:
Mein Reich wird ja stündlich schwächer
Durch den Länderfresserstreit.
Ach ich bin des Krieges müde,
Friedenmacher, mache Friede!

Ihr, ihr hohen Potentaten,
Haupt und Glieder, Groß und Klein,
Helfet doch zum Friede raten,
Lasset doch die Titel sein.
Lasset alles ungerochen,
Was man hat bisher verbrochen.[48] […]

Die Frage, wo Trost und Sicherheit zu finden sei, beschäftigte die Menschen dieser Zeit der Unsicherheit und Unbeständigkeit besonders. Paul Fleming schrieb folgendes Epigramm:

Vom Himmel kommt der Trost. Kein Trost wird je dir werden,
Du hoffest, wie du willst, von der trostarmen Erden.
Mein Trost, mein einzger Trost, ist Gott, und der allein.
Wer Trost von diesem hat, der kann nicht elend sein.[49)]

Anmerkungen

1) Obwohl der albertinische Landesteil und seine Hauptstadt Dresden im Mittelpunkt der folgenden Darstellung stehen, was in einem Dresdner Heft hoffentlich keinen Anstoß erregen wird, ist mit dieser Bezeichnung der gesamte sächsische Territorialverband gemeint – unter Berücksichtigung auch der Territorien, die derzeit in den Machtbereich der Wettiner gelangt waren bzw. gelangten, ohne daß der Name Sachsen später auf sie übergegangen ist (vgl. Fritz Bönisch u. a.: Kursächsische Kartographie bis zum Dreißigjährigen Krieg, Berlin 1990; – Matthäus Merian: Topographia Superioris Saxoniæ, Turingiæ, Misniæ Lusatiæ, Frankfurt 1650, Reprint Kassel 1964).

2) Carl B. Lorck: Handbuch der Geschichte der Buchdruckerkunst, Leipzig 1882, S. 171 f.; – Hans Widmann: Geschichte des Buchhandels, Teil I, Wiesbaden 1975, S. 88; – Reinhard Wittmann: Geschichte des deutschen Buchhandels, München 1991, S. 59.

3) Von der Deutschen Forschungsgemeinschaft gefördertes Projekt zur Verzeichnung der im deutschen Sprachraum erschienenen Drucke des 17. Jahrhunderts. Die Katalogisierung begann 1996 in sechs bedeutenden Altbestandsbibliotheken, darunter der SLUB Dresden, der Universitäts- und Landesbibliothek Halle, der Forschungs- und Landesbibliothek Gotha (http://www.vd17.bsb.badw-muenchen.de/main.html).

4) Gemeinsamer Bibliotheksverbund der Länder Bremen, Hamburg, Mecklenburg-Vorpommern, Niedersachsen, Sachsen-Anhalt, Schleswig-Holstein und Thürigen: (http://www.gbv.de)

5) Julius Tittmann: Die Nürnberger Dichterschule. Harsdörfer, Klaj, Birken, Wiesbaden 1847.

6) * in Wien, Gymnasium Steyer, Studium in Wien u. Wittenberg, 1602 dritter kursächsischer Hofprediger, Superintendent in Plauen, 1610 Pfarrer der deutschen ev. Gemeinde in Prag, 1613 Berufung zum 1. Hofprediger nach Dresden, Auszeichnung durch den (eigens geschaffenen) Titel eines Oberhofpredigers. Hoë erlangte großen Einfluß auf die Person des Kurfürsten und nutzte seine Stellung, sich zu bereichern. Er führte zahlreiche literarische Fehden und wurde wegen seiner prohabsburgischen Politik und seiner Gehässigkeit zu einer der meistgeschmähten Gestalten.

7) * in Leipzig, Studium in Leipzig, Kammerprokurator der Oberlausitz, † 1648 in Bautzen.

8) * in Leipzig, Gymnasium Roßleben, Stud. Wittenberg und Leipzig, Militärdienst, zuletzt als Lieutenant, in verschiedenen Regimentern, ab 1539 am Dresdner Hof, Hofbibliotheker, ab 1642 im Magistrat, mehrfach Bürgermeister von Dresden, † in Dresden.

9) * Dresden, Stud. Jena, Hofmeister in Weimar, Rat und Kammerjunker am Dresdner Hof, Amtshauptmann von Weißenfels, Rat und Hofmeister d. Kurprinzen Johann Georg, Mitgl. d. Fruchtbr. Gesellschaft, † in Dresden; veröffentlichte u. dem Pseudonym Randolphus van Duysburgk die Satire »Legation oder Abschickung der Esel in Parnassum« (Leipzig 1638 u. ö.).

10) Aus diesem Anlaß hat Gregorius Kleppisius einen Vers 1617mal variiert. Auf der Elbe sah man Neptun und allerhand Meerwunder schwimmen.

11) Hans Knapp: Matthias Hoë von Hoenegg und sein Eingreifen in die Politik und Publizistik des Dreißigjährigen Krieges, Diss. Halle 1902; – Hans-Dieter Hertrampf: Der kursächsische Oberhofprediger Matthias Hoë von Hoenegg – seine Theologie, Polemik und Kirchenpolitik, Diss. Leipzig 1967 (Ms.); – vgl. d. Sammelband Berlin, Humboldt-Universität: Rh 72060.

[12] Sie wurden, bis auf wenige Ausnahmen, nicht periodisch herausgegeben, sondern erschienen als Einzelstücke in einem Umfang von einem Blatt bis einigen Bogen.

[13] Dresden SLUB: Hist.Sax.C.505,18a.

[14] Dresden SLUB: Hist.Germ.C.552,96.

[15] Dresden SLUB: Hist.Sax.H.132.

[16] Dresden SLUB: Hist.Germ.C.570,6.

[17] Dresden SLUB: Hist.Germ.C.572,84.

[18] Dresden SLUB: Hist.Germ.C.568,12.

[19] Ludwig von Anhalt-Köthen: Der Fruchtbringenden Gesellschaft Nahmen/Vorhaben/Gemählde und Wörter, Frankfurt/M. 1636, Neudr.: München 1971.

[20] * 1576 Laucha, Sachs.-Weimar. Ministerialer, Hofgerichtsassessor in Jena, Mitgl. Nr. 1 der Fruchtbr. Ges. »Der Mehlreiche«, † 1629 Wenigensömmern.

[21] 1579–1650, Mitgl. d. Fruchtbr. Ges. Nr. 2 »Der Nährende«.

[22] 1594–1626, Mitgl. der Fruchtbr. Ges. Nr. 3 »Der Käumling« (Keimling).

[23] 1596–1622, Mitgl. d. Fruchtbr. Ges. Nr. 4 »Der Hoffende«.

[24] 1598–1662, Mitgl. d. Fruchtbr. Ges. Nr. 5 »Der Schmackhafte«.

[25] Kurtzer Bericht der Fruchtbringenden Gesellschafft Zweck und Vorhaben, Cöthen 1622.

[26] Gottlieb Krause: Der Fruchtbringenden Gesellschaft ältester Ertzschrein, Leipzig 1855, Neudr. Hildesheim, New York 1973, S. 4.

[27] (Lat.) Erfindungen, hier: poetisch-programmatische Ideen, Konzepte.

[28] Jean Louis Sponsel: Der Zwinger, die Hoffeste und die Schloßbaupläne zu Dresden, Dresden 1909–1924.

[29] Antonius Weck: Der Chur=Fürstlichen Sächsischen weitberuffenen Residentz= und Haupt= Vestung Dresden Beschreib: und Vorstellung, Nürnberg 1680, S. 355 f.

[30] Weck (wie Anm. 29), S. 368 ff.

[31] Moritz Fürstenau: Zur Geschichte der Musik und des Theaters am Hofe zu Dresden, Band 1–2, Dresden 1861–62, Bd. 1, S. 60 ff.

[32] Robert Prölss: Geschichte des Hoftheaters zu Dresden, Dresden 1878, S. 67.

[33] [Gebhard:] Beiträge zur Geschichte der Cultur der Wissenschaften, Künste und Gewerbe in Sachsen vom 6ten bis zu Ende des 17ten Jahrhunderts, Dresden 1823, S. 119

[34] Fürstenau (wie Anm. 31), S. 68.

[35] Prölss (wie Anm. 32), S. 67.

[36] Weck (wie Anm. 29), S. 68.

[37] Weck (wie Anm. 29), S. 71 f.

[38] Manfred Brauneck: Die Welt als Bühne. Geschichte des europäischen Theaters, 1. Bd., Stuttgart, Weimar 1993, S. 540 ff.

[39] Weitere Literatur: Bibliographie zur deutschen Literaturgeschichte des Barockzeitalters, begr. von Hans Pyritz, fortgeführt u. hrsg. von Ilse Pyritz, 2 Bde. Bern 1985, 1991.

[40] Brauneck (wie Anm. 38), S. 340.

[41] Karl-August Müller: Kurfürst Johann Georg der Erste, sein Familie und sein Hof, (Forschungen auf d. Gebiet d. neueren Geschichte 1), Dresden 1838, S. 189.

[42] Robert Prölss (wie Anm. 32), S. 67.

[43] Friedrich Adolf Ebert: Geschichte und Beschreibung der königlichen öffentlichen Bibliothek zu Dresden, Leipzig 1822.

[44] Ebert (wie Anm. 43), S. 34.

[45] Müller (wie Anm. 41), S. 207

[46] Etwa die systematisch von Herzog August von Braunschweig-Wolfenbüttel (1579–1666) aufgebaute Bibliotheca Augusta, die 134 000 Schriften umfaßte.

[47] Paul Fleming: Neu-Jahrs-Ode 1633, darinne über zweimälige Verwüstung des Landes, dann auch über Königl. Majest. aus Schweden Todes-Fall geklaget und der endliche Friede erseufzet wird, zit. nach: Wir vergehn wie Rauch von starken Winden. Deutsche Gedichte des 17. Jahrhunderts, hrstg. von Eberhard Haufe, 2 Bände, Berlin 1985, Bd. 1, S. 358 ff.

[48] ebd., Bd. 1, S. 458 f.

[49] Zit. nach: Komm, güldner Friede. Lyrik des Barock, hrsg. von Ernst Ginsberg, München 1964, S. 17.

Wolfram Steude

Musikalisches Leben in Dresden unter Kurfürst Johann Georg I.

Wer sich im 350. Jahr nach dem Friedensschluß von Münster und Osnabrück über die Musikpflege in Sachsen unter dem 45 Jahre regierenden Kurfürsten Johann Georg I. äußert, der muß dies zwangsläufig unter dem Aspekt »Musik im Dreißigjährigen Krieg« tun. Sieben Jahre nach der Regierungsübernahme durch diesen Kurfürsten gab der »Fenstersturz von Prag« am 22. Mai 1618 das Signal zum Krieg. Acht Jahre nach dem Friedensschluß 1648 starb Johann Georg, ein durchaus bemühter deutscher Reichsfürst, der sich aber in den tiefgehenden politischen Umbrüchen seiner Zeit oft überfordert sah. Gleichwohl sei zur Vorsicht gemahnt mit pauschalen Urteilen.

Obwohl europaweit geführt, unterschied sich der Dreißigjährige Krieg von den Weltkriegen unseres Jahrhunderts allein dadurch, daß es in den dreißig Jahren seiner Dauer immer sowohl Kriegs- als auch Friedensgebiete gab, Kriegsschauplätze und relativ verschonte Landstriche, zerstörte und intakt gebliebene Gegenden. Man kann von daher auch nicht von *einer* zu charakterisierenden Landes-Situation im Blick auf die Künste allgemein bzw. die Musik im besonderen sprechen. So ist lokale Begrenzung angebracht. Wenden wir uns Dresden als der kurfürstlichen Landeszentrale zu, die nicht nur Residenz war, sondern wie alle anderen Städte im Land, Bürgerstadt und damit auch cum grano salis für andere Städte der engeren Umgebung wie Pirna, Freiberg, Chemnitz und andere stehen kann.

Als Kurfürst Johann Georg I. 1611 die Nachfolge seines Bruders Christian II. antrat, hatte Kursachsen eine fast 60jährige Friedensperiode hinter sich, in der das Land zu Wohlstand gekommen war, was der Pflege der Künste zugute kam. Innenpolitische Differenzen und konfessionelle Spannungen gab es heftige – man denke an den Versuch einer politisch-konfessionellen Neuorientierung durch Kurfürst Christian I. bzw. seinen Kanzler Nicolaus Krell und die darauf einsetzende lutherische Gegenreaktion –, aber Krieg im eigentlichen Sinne war seit 1553 nicht mehr gewesen.

Die Künste konnten sich bei Hofe, auf den Sitzen des Landadels und in den Städten entfalten, so auch die Musik in der Dresdner Hofkapelle. 1606 hatte sie einen bis dahin nicht erreichten Stand mit 47 Mitgliedern, den Kapellmeister Rogier Michael, die Sänger und die »Instrumentisten« umfassend. Wahrscheinlich vergrößerte man die Hofkapelle bewußt im Blick auf die Reise des Kurfürstenhofes mitsamt der Kapelle an den Kaiserhof Rudolfs II. nach Prag.

Der Dresdner Hof orientierte sich an dem des Kaisers genauso, wie später, im ausgehenden 17. und im 18. Jahrhundert, die meisten deutschen Fürsten am französischen Königshof Ludwigs XIV. Für einen solchen Ehrgeiz war eine breite finanzielle Basis erforderlich – und die war im ersten Jahrzehnt des 17. Jahrhunderts in Kursachsen vorhanden – dank der haushälterischen Staatsverwaltung durch den Administrator Friedrich Wilhelm von Sachsen-Altenburg zwischen 1591 und 1601.

Daß die Kapelle in den Jahren nach 1606 wieder reduziert und bei Regierungsantritt Johann Georgs I. erst einmal ganz aufgelöst wurde, gehörte zu einem sich öfter in ihrer Geschichte wiederholenden Rhythmus von Aufbau und Abbau. In unserem Falle folgte der Neuaufbau ab 1612. 1613 kam der Wolfenbütteler Hofkapellmeister Michael Praetorius (1571–1621) zum ersten Male »als Gast« nach Dresden – Rogier Michael war offenkundig dienstuntauglich geworden –, wo er von 1614 bis etwa 1616 die Kapelle leitete und wo sich ab Michaelis 1615 der dreißigjährige Heinrich Schütz in das Kapellmeisteramt einarbeitete.

Die Musizierintensität der Hofkapelle unter Praetorius und dann unter Schütz muß einen bis dahin nicht erlebten Grad erreicht haben. Nicht nur das durch die Zusammenarbeit mit der Dresdner Kapelle inspirierte gewaltige Spätwerk des Praetorius und die 1619 erschienenen »Psalmen Davids« von Heinrich Schütz zeugen davon, sondern auch die bewundernden Urteile über die Dresdner Hofmusik aus den Reihen des kaiserlichen Hofstaates, der – ein Staatsfest erster Ordnung – im Juli 1617 zu Besuch in Dresden weilte und wahrlich nicht anspruchslos in Sachen Musik war. Die erste Säkularfeier der Reformation Ende Oktober, Anfang November 1627 sah die kursächsische Hofkapelle mit vielfältigen und prächtigen Musikaufführungen auf einer künstlerischen Höhe, die Heinrich Schütz, trotz der sich allmählich bemerkbar machenden Geldschwierigkeiten des Hofes, mit großer Mühe bis zum Jahre 1631 halten konnte. Gewiß, die »Kipper- und Wipperzeit« des sich fortschreitend entwertenden Geldes der 1620er Jahre, die immer öfter ausbleibenden Gehaltszahlungen an die Hofangestellten, also auch an die Hofmusiker, machten den in der unmittelbaren Nachbarschaft Sachsens sich abspielenden Krieg spürbar, aber noch blieb die Bevölkerung von Belagerungen, Schlachten, Plünderungen, Hunger, Mord und Seuchen verschont. Noch entstanden neue Werke Schütz' und anderer Kapellmitglieder und erschienen im Druck: Nach den »Psalmen Davids« 1619 die Auferstehungs-Historie Dresden 1623, die lateinische »Cantiones Sacrae«, Freiberg 1625, der »Psalter« nach den Psalmbereimungen des Leipziger Universitätstheologen Cornelius Becker, Freiberg 1628. Auch der erste Teil der »Symphoniae sacrae«, der 1629 in Venedig erschien, muß hinzugezählt werden, denn es ist fraglich, ob der »Buchführer« Bartolomeo Magni auch derjenige war, der die Druckkosten »verlegte«, ob die Sammlung auf kurfürstliche Kosten oder gar auf Schütz' eigene Rechnung publiziert worden ist. Aber auch bedeutsame Notendrucke anderer Komponisten erschienen in denselben zwanziger Jahren des 17.Jahrhunderts. Reflex einer intakten Musikpflege am Dresdner Hofe waren die großen Musikdrucke von Carlo Farina, dem ersten bedeutenden Kunstgeiger in Dresden, der aus Mantua stammte und 1625 von Prag nach Dresden gekommen war. Die zwischen 1626 und 1628 in Dresden erschienenen fünf Bücher Instrumentalmusik, Johann Nauwachs Werke »Libro prima di arie passeggiate« (Dresden 1623) und »Erster Theil teutscher Villanellen« (Dresden 1627), gehören ebenso hierher wie Johann Klemms beide Druckwerke »Teutsche Geistliche Madrigalien«, Freiberg 1629 und »Partitura sei Tabulatura italica«, Dresden 1631.

Noch wurden große Feste gefeiert – wie die Hochzeit der sächsischen Prinzessin Sophie Eleonore mit Landgraf Georg II. von Hessen-Darmstadt 1627 in Torgau –, zu der auch die Stadtpfeifereien der umliegenden Städte ihren musikalischen Beitrag leisten mußten. Bei dieser Gelegenheit bot die Truppe der englischen Schauspieler ein reiches theatralisches Repertoire, und die »Tragicomoedia von der Dafne« wurde als Sprechstück mit Heinrich Schütz' Musikeinlagen geboten. Noch wurde am Residenzschloß weitergebaut (Neugestaltung des Riesensaales durch Wilhelm Dilich), noch zog der Kurfürst mit einem Kolossalaufgebot an Menschen und Pferden zum Kurfürsten-Kollegtag nach Mühlhausen 1627, wo ergebnislos über Friedensmöglichkeiten debattiert wurde.

Michael Praetorius, Kupferstich 1606

Schon aber zeigten sich die ersten Auflösungserscheinungen in der Kapelle, als Sänger kündigten und Instrumentalisten das Weite suchten, weil kein Gehalt gezahlt wurde und man sich nicht ins Aussichtslose hinein verschulden wollte und konnte. Ein letzter großer musikalischer Moment für die Hofkapelle unter Schütz, der seine zweite Italienreise 1628/29 ertragreich absolviert hatte, war die Reise zum »Leipziger Konvent«. Diese Versammlung evangelischer Fürsten und Städte war auf Initiative Johann Georgs I. zusammengekommen, um über das kaiserliche Restitutionsedikt von 1629 zu beraten bzw. diesem eine Absage zu erteilen. Zugleich war der Krieg durch die Landung König Gustav Adolfs von Schweden in eine neue Phase getreten. Am 10. Februar 1631 fand die Eröffnung des »Leipziger Konvents« mit einem Gottesdienst in der Thomaskirche statt. Höchstwahrscheinlich hierbei musizierte Schütz ein großes und ungewöhnliches Werk aus seiner Feder, das geistliche Konzert über den 85. Psalm »Herr, der du bist vormals gnädig gewest deinem Volk« (SWV 461). Es beschwört textlich wie musikalisch in anderer Art, aber in gleicher Eindringlichkeit den herbeigesehnten Frieden, wie dies schon 1627 in Mühlhausen mit Schütz' »Da pacem, Domine« (SWV 465) geschehen war. (Die Aufführung des 85. Psalms zum im Juni 1631 abgehaltenen sächsischen Landtag, in dessen Eröffnungsgottesdienst dieser Psalm als Gebet eine Rolle spielte, ist ebenso denkbar.)

Mit den nach Mitteldeutschland einrückenden Schweden, der vorläufigen Absage Kurfürst Johann Georg I. an den Kaiser, dessen Truppen bzw. die der »Liga« nun zu Feinden geworden waren, mit den sich auf sächsischem Boden abspielenden Schlachten (Zerstörung Magdeburgs und Schlacht bei Breitenfeld 1631, Schlacht bei Lützen 1632) und mit permanenten Durchzügen, Brandschatzungen usw. brach der Krieg direkt über das Land herein und ließ das Kunst-

Heinrich Schütz

und damit auch das Musikleben schlagartig erlahmen –, in den Städten, die unmittelbar betroffen waren, ohnehin, aber auch bei Hofe, dessen Kapelle auf ein Minimum zusammenschmolz. Heinrich Schütz' »Kleine geistliche Konzerte« der Drucke von 1636 und 1639 reflektieren deutlich die Musiksituation am Hofe: Man konnte nur noch mit kleinsten Sängerbesetzungen und wenigen Instrumentalisten musizieren, sofern dies überhaupt geschah.

Zugleich gab es absurde, von der Staatsräson geforderte Situationen: Die Hochzeit der sächsischen Prinzessin Magdalena Sibylla mit dem dänischen Kronprinzen Christian 1634 in Kopenhagen kostete den Dresdner Hof Unsummen, die er nur durch Kreditaufnahme bei Bankhäusern, z. B. bei Schwendendörffer in Leipzig, aufbringen konnte. Schütz hatte in Kopenhagen die musikalische Oberleitung des gesamten Festgeschehens. Und noch katastrophaler war die Finanzlage des Hofes bei der 1638 erfolgten Hochzeit des Kurprinzen Johann Georg II. mit der brandenburgischen Prinzessin Magdalene Sibylle, die unter abermaliger Mitwirkung der durch fremde Musiker aufgestockten Dresdner Hofkapelle in Dresden stattfand.

Es sei in diesem Zusammenhang erinnert an den grotesken Tanz um Geld, in den Schütz unmittelbar einbezogen war: Kurprinz Johann Georg II. mußte sich u. a. auch von der Stadt Pirna 1000 Gulden für seine Hochzeit leihen, die diese aber nicht aufbringen konnte. Durch Vermittlung eines Pirnaer Bürgermeisters und des kursächsischen Land- und Tranksteuerbuchhalters Michael Hartmann, der als Vormund der Schütztöchter fungierte, lieh Schütz der Stadt Pirna das Geld. Dieses wurde mit verwandt zur Ausrichtung des großen Singballetts »Orpheus und Euridice«, zu dem Schütz auf einen Text von August Buchner die Musik komponiert hatte. Der Hofkapellmeister mußte quasi mit seinem eigenen Geld die Aufführung eines seiner Werke finanzieren, das im Auftrag des Hofes entstanden war. Dieses Geldleih-Karussell fand erst 1654 sein befriedigendes Ende.

Die sächsische Niederlage der Schlacht bei Wittstock an der Dosse im Oktober 1636 gegen die Schweden, die nach dem Prager Frieden 1635 Feinde geworden waren, brachte für Kursachsen eine sich rapid verschlechternde Lage, was sich sofort und unmittelbar auf das Hofleben und damit auch auf die Musikpflege auswirkte. Das änderte sich grundsätzlich nicht im folgenden vierten Jahrzehnt des 17. Jahrhunderts.

Die Hofmusik erholte sich nach dem Ende des Krieges bei weitem nicht so schnell, wie zu erwarten gewesen wäre: Die Klagen und Gesuche, ja Notschreie der Dresdner Kapellmusiker und Heinrich Schütz' selbst um Auszahlung der oft jahrelang ausgebliebenen Gehälter hielten bis weit in die 1650er Jahre hinein an, ohne eine grundlegende Besserung und einen Neuaufbau der kurfürstlichen Hofmusik bewirken zu können. Johann Georg I. war im Gegensatz zu seinen Söhnen Johann Georg II., Augustus, Christian und Moritz kein musischer Mensch, obwohl er als junger Prinz zusammen mit seinem Bruder Christian II. Musikunterricht gehabt hatte. Eine seiner ersten Amtshandlungen 1611 war die Auflösung der bisherigen Hofkapelle, und das »Verdienst« seiner letzten etwa 20 Regierungsjahre bis zu seinem Tod 1656 bestand darin, die von Schütz geführte Hofkapelle durch Vernachlässigung verkümmern zu lassen. Daß in der Hofhaltung des Kurprinzen Johann Georg II. seit 1639 eine zweite, kurprinzliche Kapelle aufgebaut wurde, die sich seit dem Beginn der fünfziger Jahre zur Keimzelle eines ganz neuen Barockmusizierens in Dresden entwickelte, steht auf einem anderen Blatt.

Wie stand es um das städtische Musizieren in Dresden während der Regierungszeit des Kurfürsten Johann Georg I.? Wenn man Notenanschaffungen und Notendrucke von Kreuzkantoren zum Indiz nimmt einer funktionierenden Musikpflege, dann geben die Noten-Inventare der Kreuzschule bzw. ihrer Knabenkantorei gute Auskünfte. 1615 fertigte Magister Samuel Rüling bei seinem Ausscheiden als Kreuzkantor und Antritt als Diaconus an der Kreuzkirche ein Inventar an, das neben sehr altem Notenmaterial auch neuangeschaffte Musikalien aufführt.

Rüling hat von 1612 bis 1615 als Kreuzkantor amtiert und in dieser Zeit mehrere Teile von Michael Praetorius' umfangreicher Sammlung »Musae Sioniae« (1607, 1609, 1610 und 1611), dazu das 1604 postum von den Söhnen veröffentliche »Magnum opus musicum« von Orlando di Lasso, einen Christoph-Demantius-Druck von 1610 und weiteres angekauft.

Der Nachfolger Magister Christoph Neander war in der Lage, diese Erwerbungstätigkeit bis zu seinem Tode 1625 fortzusetzen. Unter den von ihm erworbenen Musikdrucken befinden sich ebenfalls große und kostspielige: weitere Praetorius- und Demantius-Bände, die Kolossalsammlung des aus Senftenberg gebürtigen Abraham Schadaeus »Promptuarium musicum« in vier Teilen von 1611, 1612, 1613 und 1617, das ganze »Opus musicum« des Jacobus Gallus (Prag 1587ff.), vermutlich beide Teile der ebenfalls großen Sammlung des Magisters Erhard Bodenschatz »Florilegium Portense« (Leipzig 1618 und 1621), und schließlich Schütz' »Psalmen Davids« von 1619. Und selbst Neanders Nachfolger Michael Lohr, Kreuzkantor von 1625 bis 1654, konnte Musikalien, aber auch Instrumente anschaffen für die Musik in der Kreuz- und den anderen von den Kreuzschülern mit zu versorgenden Stadtkirchen. Derart große Notenanschaffungen haben nur einen Sinn, wenn sie dem aktuellen Musizierbedarf dienen. Überdies ließ Lohr 1629 auf eigene Kosten »Newe Teutzsche Kirchen Gesänge« aus seiner Feder in Freiberg drucken. All dieses spricht für ein bis an das Ende der 20er Jahre des 17. Jahrhunderts hinein in städtischer Verantwortung praktiziertes ungestörtes und aktives Musizieren in Dresden.

Die städtischen Verhältnisse der Jahre nach 1631 dürften nicht derart zerrüttet gewesen sein wie die am Hofe, denn 1644 konnte in der Kreuzkirche nicht nur eine neue Empore, sondern auch eine neue Orgel eingeweiht werden. Und wie aus den Klageschriften der Hofmusiker an den Kurfürsten hervorgeht, waren Hofangestellte wegen ihrer hohen Verschuldung im städtischen Bürgertum offensichtlich nicht gut angesehen, was wiederum auf dessen relativ stabile Verhältnisse auch in den schlimmen letzten 15 Jahren des Großen Krieges schließen läßt.

Für den Betrachter aus dem Abstand von 350 Jahren ist es nicht leicht, zu einem einigermaßen richtigen Bild der Verhältnisse im Dreißigjährigen Krieg zu kommen, werden doch die örtlichen Umstände oft überlagert von den allgemeinen, in ihrer Grauenhaftigkeit höchst eindrücklichen Schilderungen des Krieges in Wort und Bild. Es bleiben viele Unschärfen im Detail, auch in bezug auf menschliches Verhalten. In der Erzählung von Günter Grass »Das Treffen in Telgte« wird ein fiktives Dichtertreffen im Jahre 1647 zwischen Münster und Osnabrück geschildert, auf dem – Spiegelbild der »Gruppe 47« nach dem Zweiten Weltkrieg – inmitten der Kriegsgreuel die deutschen Dichter über Poetik, über Kunst streiten. So etwas ähnliches hat es tatsächlich gegeben: In der Korrespondenz des Fürsten Ludwig von Anhalt-Köthen, des Oberhauptes der Sprach- und Dichterakademie »Fruchtbringende Gesellschaft«, mit z. B. August Buchner, Georg Philipp Harsdörffer und anderen, geschah genau dasselbe. Man schickte neue Texte an den Fürsten, und dieser setzte sich in Wort und Schrift diskursiv damit auseinander. Man besprach die Anwendung des Daktylus in bestimmten Dichtungsgattungen, während Tilly, Wallenstein, Banér, Torstenson und andere Feldmarschälle mit ihren Heerscharen durchs Land zogen.

So ist auch, wo und wann auch immer möglich, Musik produziert und musiziert worden: Kunst als sinnstiftende Größe inmitten der als sinnlos empfundenen Kriegskatastrophe.

Die Aufgabe, im Rahmen der allgemeinen Geschichtsforschung unser Musikgeschichtsbild, in diesem Falle der Kriegsjahrzehnte des 17. Jahrhunderts, durch die Wahrnehmung auch außermusikalischer Umstände weiter zu verfeinern und zu differenzieren, bleibt aktuell.

Literatur

Der vorliegende kleine Beitrag geht zurück auf den Aufsatz des Verfassers »Heinrich Schütz und der Dreißigjährige Krieg«, in: »1648. Krieg und Frieden in Europa«, Textband II »Kunst und Kultur«, hrsg. von Klaus Bußmann und Heinz Schilling, Münster/Osnabrück 1998, S. 423–430. Vgl. auch die dort angeführte Literatur unter Braun, Gregor-Dellin, Hanheide, Hortschansky, Schütz, Steude. Ergänzend: Karl Held, Das Kreuzkantorat zu Dresden, Leipzig 1891; Rudolf Kötzschke, Hellmut Kretzschmar, Sächsische Geschichte, Augsburg 1995

Uwe Schirmer

Beobachtungen zur wirtschaftlichen Situation in Kursachsen bis zur Mitte des 17. Jahrhunderts

Vorbemerkungen

In der 1895 erschienenen Rezension zu Inama-Sterneggs »Deutscher Wirtschaftsgeschichte« formulierte Karl Lamprecht den programmatisch gewordenen Satz, daß es sich nicht darum handelt »wie ist es eigentlich gewesen, sondern um die Frage, wie ist es eigentlich geworden«.[1] Wenn die Wirtschaftsgeschichtsforschung der Gegenwart versucht, das ökonomische Werden im mitteldeutschen Raum mit seinen vernetzten Gewerbelandschaften vom Mittelalter bis in das Zeitalter der Industrialisierung zu ergründen, so muß ein Bündel methodischer, konzeptioneller und empirischer Probleme, die hier nicht erörtert werden können, aber zumindest angedeutet seien, gelöst werden. Zum ersten stimmen die einzelnen Epochen sächsischer Geschichte, die obendrein oft politikgeschichtlich orientiert sind, nur selten mit der wirtschaftshistorischen Perspektive überein. Zum zweiten wird die Dynamik ökonomischer Entfaltung innerhalb eines Zeitabschnittes ausgeblendet. Beispielsweise war das Zeitalter des sogenannten Frühkapitalismus (1470–1620) so heterogen, daß eine stete Aufwärtsentwicklung keineswegs feststellbar ist; Jahre der Prosperität können von Jahren der Stagnation und Krise unterschieden werden. Zum dritten erklärt das herkömmliche »Stufenmodell« die Epochenübergänge nur unzureichend. Exemplarisch sei auf die »Krise des 17. Jahrhunderts« verwiesen, über die, in bezug auf den mitteldeutschen Raum, recht vage Vorstellungen herrschen. So fehlen schlüssige Erklärungen dafür, zu welchem Zeitpunkt der Aufschwung des 16. in die Krise des 17. Jahrhunderts mündete und welche Ursachen dazu führten. Gleiches gilt für den Übergang in die Konjunktur zu Beginn des 18. Jahrhunderts. Zudem ist es methodisch zweifelhaft, den Erkenntnisstand deutscher oder europäischer Regionen nach Sachsen zu transformieren.

Zukünftige wirtschaftsgeschichtliche Forschungen sollten sich stärker als bisher auf statistisches Material gründen. Indessen verbergen sich hinter der nackten Statistik erhebliche Risiken. Vor allem darf der ökonomische Strukturwandel nicht ausgeblendet werden. Einmal müssen regionale Verlagerungen der Produktion bedacht werden (z. B. von der zünftig-städtischen Produktion hin zum Dorfhandwerk mit Verlag). Zum anderen gab es in den Städten selbst strukturelle Verschiebungen. Ein Beispiel bietet die Produktionsleistung der Chemnitzer Weberzunft zwischen 1607/08 und 1629/30.[2]

Während die Anfertigung von gemeinem Barchent, Farbleinwand und Bettziechen sank und um die Mitte der 1620er Jahre faktisch bedeutungslos wurde, blieb die Produktionskurve für

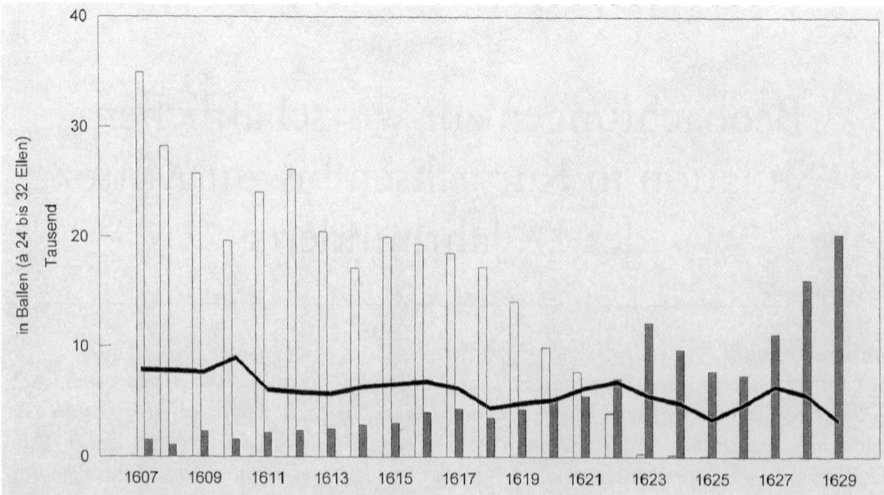

Der Strukturwandel innerhalb der Chemnitzer Weberzunft
gemeiner Barchent, Farbleinwand, Bombasin-Barchent Wollzeug

Wollzeuge annähernd konstant. Indes stieg die Fabrikation von Bombasin-Barchent fortwährend an. Anstatt sich auf die Herstellung billiger Massengüter (Bettziechen, Leinwand) zu beschränken, fertigten die Chemnitzer Weber zunehmend Qualitätsprodukte für den überregionalen Markt. Die Billigproduktion verlagerte sich in die nahen Gebirgsstädte (Lengefeld, Stollberg). Das hinter diesem Strukturwandel auch oberdeutsches Kapital, somit das Verlagswesen stand, untermauert die These, daß die wirtschaftliche Entwicklung äußerst gestaltreich vonstatten ging.[3)]

Die Analyse beschränkt sich nicht auf Kursachsen, als eine administrative Einheit, sondern muß die Wirtschaftsregion im Blick haben. In dieser Hinsicht stellen besonders Güterpreise wichtige Indikatoren dar, denn im regionalen Bereich existiert zwar ein Preisgefälle, jedoch kein Preisgefüge. Dieses besteht zwischen den Regionen (Beispiel: ost- und westelbisches Getreidepreisgefüge). Sowohl ökonomische Prämissen als auch verfassungsrechtliche Kriterien sind einzubeziehen. Neben Steuer, Zoll, Maß- und Gewichtsnormierungen sei besonders auf die Münzpolitik im obersächsischen Kreis verwiesen, die maßgeblich Kursachsen bestimmte.[4)] Das administrativ-herrschaftliche Element besaß damit wichtigen Einfluß auf die (ökonomische) Region. Wenn im folgenden das wirtschaftliche Auf und Ab im mitteldeutschen Raum Ende des 16. und im 17. Jahrhundert skizziert wird, so ist zu betonen, daß es sich um ein nicht abgeschlossenes Modell handelt.

Die wirtschaftliche Entwicklung in Mitteldeutschland durchlief unterschiedliche Phasen. Das Wachstum ging langsam vonstatten; kurze Boomphasen wurden von längeren Stagnationen und von Rezessionen abgelöst. Hauptsächlich Kriege und Seuchen, Kapitalbereitstellung, technische Neuerungen sowie Klimagunst hatten Einfluß auf diese Entfaltung. Für den wirtschaftlichen Aufschwung zu Beginn der Frühneuzeit waren ausschlaggebend die Bodenschätze des Erzgebirges und Mansfelder Landes, reiche Salzvorkommen und hohe Bodenfruchtbarkeit in den mitteldeutschen Gefildezonen. Ein steter Kapitalfluß nach Mitteldeutschland im 16. Jahrhundert, eine tatkräftige einheimische Unternehmerschaft (Römer, Mordeisen, Schütz, Scherl, Claußbruch, Neefe, Lebzelter), eine günstige Rechtsstellung der bäuerlichen Bevölkerung, der Aufschwung im Schulwesen im Zuge von Humanismus und Reformation, technische Neuerungen im Bergbau sowie der forcierte Staatsausbau in Kursachsen beförderten den Prozeß.[5)]

Entwicklungstendenzen bis 1670

Die wirtschaftliche Entwicklung vom ausgehenden 16. Jahrhundert bis zum Abzug der Schweden aus Sachsen (1651) verlief nicht eindimensional. Selbst während des Dreißigjährigen Krieges ist ein ökonomisches Auf und Ab beobachtbar. Für die vorindustrielle Wirtschaft ist eine hohe Störanfälligkeit charakteristisch. Der prozentuale Zuwachs der Freiberger Silberproduktion und der Leipziger Waageeinnahmen in ihren z.T. extremen Schwankungen veranschaulicht dies signifikant.[6)]

Nur noch sechs bis sieben Kilogramm Roggen konnte sich ein Zimmermannsgeselle für seinen Tagelohn Ende des 16. Jahrhunderts kaufen. Besonders die Preise für Grundnahrungsmittel waren infolge des Bevölkerungswachstums und der damit verbundenen Nachfrage kräftig gestiegen. Da die Inbesitznahme des Bodens längst abgeschlossen war, kletterten zum einen die Preise für Bauernhöfe in die Höhe, zum anderen drängten die nicht im Agrarsektor bleibenden Menschen auf den begrenzten Arbeitsmarkt. Die Nominallöhne blieben hinter den Preissteigerungen für Lebensmittel zurück. Dies führte zwangsläufig zur Absenkung der Kaufkraft.[7)]

Faßt man die Daten zur sächsisch-mitteldeutschen Wirtschaft zusammen, die für die Zeit von 1580 bis 1620 zur Verfügung stehen, so hat es den Anschein, daß das ökonomisch-ökologische System an seine Grenzen gestoßen war. Die Landwirtschaft produzierte nur mit Mühe die Agrargüter, die in den Städten und Gewerbelandschaften benötigt wurden. Der Landwarenhandel kam seinen Aufgaben nur noch leidlich nach, da die Fuhrunternehmen mit steigenden Getreidepreisen (Hafer) konfrontiert wurden, so daß die Getreidetransportkosten von den großen Getreidemärkten Mitteldeutschlands (Weißenfels, Zeitz, Altenburg, Delitzsch, Lommatzsch und Döbeln) in das Erzgebirge erheblich angestiegen waren. Besonders die kräftigen Getreidepreisausschläge in den Jahren zwischen ca. 1570 und 1618 deuten darauf hin, daß das vom Agrarsektor abhängige System permanent gefährdet war. Die »malthusianische« Falle drohte zuzuschnappen; infolge der widersprüchlichen Entwicklung zwischen der Nahrungsmittelproduktion und dem Bevölkerungswachstum warfen schwere Subsistenzkrisen die Schatten des Dreißigjährigen Krieges voraus.[8)]

Obwohl sich die Krisenzeichen mehrten, wäre es jedoch falsch, die Jahrzehnte vor der Kipper- und Wipperzeit als rezessiv zu etikettieren. Ganz im Gegenteil; auf einem recht hohen Niveau wuchs, wenngleich mit erheblichen Schwierigkeiten behaftet, die Wirtschaft weiter. Der Wachstumsmotor in diesen Jahren war das städtische Gewerbe, das aufgrund des überregionalen Absatzes florierte. Die Anzahl der tätigen Meister und die Meisterzugänge im Textilhandwerk der großen Exportgewerbestädte können als Belege dafür gelten. So waren beispielsweise in Zwickau um die Mitte des 16. Jahrhunderts 235 Tuchmachermeister zünftig organisiert; diese Zahl sank zwar vor Ausbruch der Kipper- und Wipperzeit auf 204 (1616), um jedoch im Jahr 1625 wieder auf die stattliche Zahl von 250 Meistern zu steigen.[9)] Ähnlich verlief die Entwicklung in Görlitz, wenngleich es sich hierbei um die Meisterzugänge handelt. Das heißt, daß beispielsweise infolge einer Pestepidemie mehr Zugänge ermöglicht wurden, als vergleichsweise in Jahren mit einer geringeren Mortalität. Trotzdem erscheinen die Zahlen als recht zuverlässig, um den sozialökonomischen Trend im 17. Jahrhundert ansatzweise widerzuspiegeln.

Meisterzugänge in Görlitz im 17. Jahrhundert:[10)]

1601 bis 1610	1611 bis 1620	1621 bis 1630	1631 bis 1640	1641 bis 1650	1651 bis 1660	1661 bis 1670	1671 bis 1680	1681 bis 1690	1691 bis 1700
70	80	88	56	46	75	81	73	110	152

Instruktiv sind die Beobachtungen, die für Chemnitz vorliegen. So konstatiert Helmut Bräuer, daß es um die Wende zum 17. Jahrhundert zu einem neuen Entwicklungsschub im Chemnitzer Tuchmacherhandwerk kam. Beispielsweise wurden zwei neue Tuchwalken in Betrieb genommen und die ältere Walkmühle ausgebaut.[11)] Legt man die Bruttoeinnahmen und die Ausgaben der kursächsischen Floßkasse (vorrangig Elster-, Saale- und Pleißenflöße) zwischen 1588 und 1618 zugrunde, und setzt diese Angaben mit dem Energieverbrauch im Großraum Leipzig–Halle–Merseburg in Verbindung, so deuten auch diese Daten auf stabile Verhältnisse, denn im langfristigen Trend – bei relativ gleichbleibenden Holzpreisen auf dem Leipziger Markt – ist sogar eine Umsatzsteigerung erkennbar.[12)] Von 30 000 Gulden um 1600 steigen die Einnahmen auf 60 000 Gulden 1603, um 1613 mit 80 000 Gulden einen Höchststand zu erreichen.

Trotzdem war das Wetterleuchten der Krise bereits in den ersten Dezennien des 17. Jahrhunderts wahrnehmbar. Dabei ist weniger an lokale Subsistenzkrisen im Erzgebirge oder an die erhöhte städtische Sterblichkeit infolge der Pest zu denken, vielmehr veränderten sich die regionalen und überregionalen Rahmenbedingungen grundlegend. So wurde im Jahre 1605 die kursächsische Tranksteuer verdoppelt, und die Landsteuer stieg in Sachsen von sechs Pfennig pro Katasterschock (1605) auf zwölf Pfennig an (1613). 1615 war für drei Jahre eine indirekte Steuer (Akzise) eingeführt worden, die den Handelsverkehr belastete.[13)]

Noch schlimmer wirkte sich die Münzverschlechterung seit Beginn des 17. Jahrhunderts aus, die schließlich in die Kipper- und Wipperzeit mündete (1618–1623). Wie schon bei den Münzirrungen im 16. Jahrhundert waren die Manipulationen an den Scheidemünzen (Heller, Pfennige, Groschen, Kreuzer) der Auslöser für diese »Inflation«, bevor auch die Taler- und Goldmünzen »gekippt« und »gewippt« wurden. Der ursprüngliche Bedeutungsinhalt der Begriffe »Kippen« und »Wippen« rührt daher, daß einerseits die Großmünzen beschnitten wurden (Kippen). Das heißt, daß man das Gewicht der Münzen durch das Abschneiden des Münzrandes minderte. Das auf diese Weise gewonnene Edelmetall wurde für Neuprägungen eingeschmolzen. Andererseits brachten die Regalherren Münzen mit einem geringeren Edelmetallgehalt in

»Von den Stangenkünsten«, Bericht vom Bergwerk Zellerfeld, Kupferstich 1617

Umlauf, wobei sich der Begriff »Wippen« auf die wippende Münzwaage bezieht.[14] Da vor allem beim Prägen der kleineren und mittleren Scheidemünzen hohe Kosten anfielen, senkten namentlich die Münzherren, die über keine eigenen Silberbergwerke verfügten, den Münzfuß, um zumindest kurzfristig einen Gewinn einstreichen zu können. Schließlich begannen selbst die Kurfürsten von Sachsen und Bayern minderwertige Großmünzen zu prägen (die sogenannten Kippertaler). Erst allmählich erkannten die Landesherren, daß der erzielte Gewinn nur ein scheinbarer war, denn das von ihnen emittierte Geld floß in Form von Steuern und Abgaben in ihre Kassen zurück.

In der Kipper- und Wipperzeit blähte die Geldmenge in einem bis dahin ungekannten Maße auf. Während beispielsweise die Kreditaufnahme der kursächsischen Kammer- und Steuerkasse in den ersten beiden Jahrzehnten des 17. Jahrhunderts im jährlichen Durchschnitt bei 700 000 Gulden lag, nahmen die beiden Kassen 1620/21 ca. 1,5 Mill. Gulden, 1621/22 ca. 2,3 Mill. Gulden, 1622/23 ca. 3,2 Mill. Gulden auf. Erst 1623/24 normalisierte sich scheinbar das Geschehen, die Kreditaufnahme betrug erneut 777 000 Gulden.[15]

Doch der Schein trog, denn der Zahlungs- und Kapitalverkehr war auf das Schwerste gestört. Entscheidend war die Tatsache, daß das Vertrauen in den kursächsischen Staat und das Obersteuerkollegium, welches faktisch als Staatsbank fungierte, tief erschüttert war. Legten bis 1618 noch viele kapitalstarke Kaufleute aus Augsburg, Nürnberg, Frankfurt oder Hamburg einen Teil ihres Geldes in Sachsen zu einem Zinssatz von fünf Prozent an, so blieben diese Großhändler mit ihrem Kapital nach 1624 fern. Mehr noch: Der kursächsische Staat setzte die Schulden- und Zinsbedienung aus. Faktisch war er nach der Kipper- und Wipperzeit bankrott.[16]

Flugblatt »Wucher« über die Kipper und Wipper

Die Folgen waren verheerend. Weil das Vertrauen in die Schuldenbedienung fehlte, konnte das Obersteuerkollegium nur noch sehr begrenzt Kapitalien aufnehmen. Innerhalb der Verwaltung herrschte Bargeldmangel; offene Rechnungen wurden im zunehmenden Maße mittels Anweisungen bezahlt. Das heißt, alle Rechnungen des Fürsten, welche die Kammerkasse gegenüber Kaufleuten oder Handwerkern zu begleichen hatte, wurden zum Obersteuerkollegium verwiesen. In diese Kasse kam die Steuer noch in Form von Münzgeld (Kurant) ein. Indessen war das Obersteuerkollegium hoffnungslos überfordert, alle Anweisungen in Kurantmünze einzutauschen, da auch die Gläubiger bedient werden mußten. Somit blieben Kaufleute und Handwerker auf ihren Anweisungen sitzen. Zugleich waren sie aber auch steuerpflichtige Untertanen, die nunmehr ihre Steuern mit Anweisungen (Schuldscheinen) zu bezahlen begannen. Somit zirkulierten diese Anweisungen innerhalb der Verwaltung zwischen den verschiedenen Kassen, zum Teil aber auch innerhalb Kursachsens. Praktisch war auf diese Weise eine papiergeldähnliche Währung (Kreditgeld) entstanden, die indes nur auf begrenzte Akzeptanz stieß. Fortan flossen in einem immer größeren Maße diese Zahlungsmittel in die Staatskassen. Bis in die zweite Hälfte des 17. Jahrhunderts hielt dieser Zustand an; so strömten zwar auf dem Leipziger Ostermarkt 1652 insgesamt 114 779 Gulden (Buchgeld) in die Kasse des Obersteuerkollegiums, an Kurantmünze kam jedoch nur ein Fünftel ein (22 208 Gulden).[17)]

Infolge einer unverantwortlichen Finanzpolitik, die ihren Anfang unter den Kurfürsten Christian II. und Johann Georg I. genommen hatte, war eine wachstumsfeindliche Binnenwährung entstanden. Diese »Zettel«, so wird die Währung in den Quellen bezeichnet, waren weder im Alten Reich konvertierbar, noch besaßen sie eine überregionale Reputation. Dies hemmte die wirtschaftliche Prosperität. Sehr wahrscheinlich wäre Sachsen auch ohne den Dreißigjährigen Krieg in eine schwere Wirtschaftskrise geschlittert. Zwar zirkulierte auf den Märkten weiterhin »schwere« Münze (Kurant), aber niemand verlieh Kurantmünze gegen Zins, schon gar nicht an den zahlungsunfähigen Staat. Da es an leistungsfähigen Kreditinstituten in Sachsen mangelte, entwickelte sich aus dieser Situation heraus eine Kreditkrise, die auch den Wiederaufbau nach Kriegsende verzögerte.

Die Nachrichten, die für die Jahre von 1624 bis 1630 vorliegen, sind außerordentlich widersprüchlich. Einerseits erhöhte die kursächsische Administration nach 1622 kräftig die Steuern, die Liquiditätskrise des Staates war chronisch, 1625 wütete landesweit die Pest und die Hallenser Salzproduktion war – wenngleich auf einem hohen Niveau – rückläufig, andererseits stieg die Silberproduktion nochmals beträchtlich an, das städtische Gewerbe florierte und auf den Leipziger Messen gingen die Geschäfte gut. Rüstungsgeschäfte wurden über Leipzig abgewickelt, und die nicht vom Krieg heimgesuchte Wirtschaft partizipierte an diesen Aufträgen. Beispielsweise stiegen die Einnahmen der Leipziger Waage im Rechnungsjahr 1628/29 auf die Rekordhöhe von 21 653 Gulden an.[18] 1645 lagen sie bei nur noch 6000 Gulden. Ohnehin verlief der Krieg in den ersten Jahren noch »diszipliniert«, denn auch andererorts mehrten sich die Zoll- und Geleitseinnahmen. »Deutschland war noch in guter Ruh«[19], noch im Sommer 1631 – zumindest berichtet dies ein Fragment eines Soldatentagebuches – wurden am 25. Juli und 28. Juli Söldner auf dem Leipziger Markt wegen Raubes und Mordes hingerichtet.[20]

Exemplarisch für florierende Rüstungsgeschäfte dürfte der in Leipzig aktive Unternehmer Matthias Gnaspe stehen. Er besaß das Gut Ellefeld südlich von Auerbach mit der dortigen Messinghütte, betrieb im Erzgebirge eine Schwefelhütte und die Zinngewerke zu Marienberg. Ferner war Gnaspe im Galmei-, Zinn-, Kupfer- und Pottaschehandel tätig; sehr deutlich weisen diese Geschäfte auf die Geschütz- und Pulverproduktion hin. Rege Geschäftskontakte unterhielt seine Firma, mit Hauptsitz in Hanau, nach Nürnberg, Frankfurt, Hamburg und Amsterdam.[21] Fast hat es den Anschein, daß die Gesellschaft zum sprichwörtlichen Tanz am Rande des Abgrundes schritt.

Der Dreißigjährige Krieg brachte unendliches Leid über die Bevölkerung im Alten Reich. Schätzungsweise von 1,5 Millionen auf unter eine Million Menschen sank die Bevölkerungszahl Kursachsens.[22] Nach den wichtigsten Indikatoren zu urteilen, war die wirtschaftliche Situation besonders zwischen 1637 und 1644 trostlos. Während die Freiberger Silberproduktion in den späten 1620er Jahren bei ca. 13 000 Gewichtsmark lag, sackte diese in den Jahren 1633 auf 7585 Mark, 1639 auf 7935 und 1643 gar auf 4791 Mark ab. Unschwer ist der Einfluß der schwedischen Belagerung Freibergs in den Jahren 1639 und 1642/43 zu erkennen.[23] Das unmittelbare Kriegsgeschehen bestimmte auch maßgeblich die Messegeschäfte in Leipzig, denn infolge der Kriegshandlungen fielen die Märkte ganz aus oder wurden nur spärlich besucht (Michaelis 1632, Neujahr 1636/37, Ostern 1637, Ostern 1639, Neujahr 1642/43, Ostern 1644 und Michaelis 1644).[24] Auch die Tranksteuereinnahmen spiegeln den trostlosen Zustand des Landes wider; zwischen 1637 und 1644 kamen nur Bruchteile davon ein.

Nach 1644, das Land lag ausgeblutet am Boden, requirierte die schwedische Besatzungsmacht eigenmächtig kursächsische Steuern, infolgedessen verzögerte sich die Zahlungsunfähigkeit des Staates bis zum Abzug der Schweden im Jahre 1651. Eine Generalisierung der Kriegsbilanzen ist nur bedingt möglich, da die unterschiedlichsten Nachrichten vorliegen. Beispielsweise waren 1652 in 25 Dörfern des Amtes Eilenburg von 557 Bauerngütern 42 Prozent verlassen, und von 469 Hufen lagen 187 Hufen (40 Prozent) wüst in den dortigen Fluren.[25] Eine ähnliche Situation finden wir im Amt Colditz vor. Wenn die Steueranschläge nach dem Dreißigjährigen Krieg mit dem Fundamentalkataster von 1628 verglichen werden, so ist zu ersehen, daß der immobile

Wert aller Bauerngüter im dortigen Amt um ca. die Hälfte gefallen war (1628: 100 Prozent; 1657: nur noch 54 Prozent). Mit anderen Worten: Knapp die Hälfte der Dörfer im Amt Colditz waren verlassen und verwüstet. Nur sehr langsam erholte sich das Landvolk von den Folgen des Krieges, denn selbst 1688 betrug der Wert aller Bauernhöfe im Amt Colditz nur 88 Prozent des Vorkriegswertes.[26)]

Auch in den Städten klagte die Bürgerschaft über verbrannte und verwüstete Häuser, Werkstätten, Mühlen, Speicher und Scheunen. So waren in Dresden im Jahr 1638 221 Häuser in den Vorstädten verwüstet und abgerissen. 1641 wurden in den Dresdner Vorstädten 455 Wohnstätten und in Alten-Dresden 186 Häuser als weggerissen und gänzlich zerstört gezählt.[27)] Die Schäden und Bevölkerungsverluste schwanken zwar innerhalb Kursachsens beträchtlich, aber Mitteldeutschland gehörte fraglos mit zu den Territorien im Alten Reich, die stark unter dem Krieg gelitten hatten. Vor allem infolge der hohen Sterblichkeit durch Pest und andere Seuchen war die Bevölkerung reduziert worden.[28)] Zudem zogen, vorrangig aus dem nördlichen Kursachsen, viele Menschen ins Brandenburgische, weil sie dort nicht solch einem Steuerdruck ausgesetzt waren. Hauptsächlich die hohe Steuerbelastung der Bauern, aber auch eine zögerliche Einwanderung führten dazu, daß sich der Wiederaufbau des Landes und die Kompensation der Bevölkerungsverluste bis zum Beginn des 18. Jahrhunderts verzögerten. Der Aufbau der Dörfer schleppte sich mühsam dahin. Hingegen normalisierte sich der Handels- und Geschäftsverkehr recht schnell, denn schon um 1660/70 erreichten der Leipziger Messeverkehr und Einnahmen der wichtigsten Geleitsstellen den Index der Vorkriegszeit. Namentlich der Handel mit Luxusgütern nahm in der zweiten Hälfte des 17. Jahrhunderts, besonders jedoch nach 1694 Dimensionen an, der mit dem traditionellen Handel des ausgehenden 16. Jahrhunderts nur schwerlich verglichen werden kann.

Anmerkungen

1) Karl Lamprecht, Rezension zu: Karl Theodor von Inama-Sternegg, Deutsche Wirtschaftsgeschichte des 10.–12. Jahrhunderts (Deutsche Wirtschaftsgeschichte, Bd. 2), Leipzig 1891, in: JbbfNÖSt 64, 1895, S. 294–298, hier S. 295.

2) Arno Kunze, Der Frühkapitalismus in Chemnitz (Beiträge zur Heimatgeschichte von Karl-Marx-Stadt, Bd.7), Karl-Mark-Stadt 1958, S.99f.

3) Helmut Bräuer, Handwerk im alten Chemnitz. Studien zur Sozial- und Wirtschaftsgeschichte des Chemnitzer Handwerks von den Anfängen bis zum Beginn der industriellen Revolution, Chemnitz 1992, S. 33–38.

4) Hans-Jürgen Gerhard, Neue Erkenntnisse zum Münzvergleich von Zinna. Wandlungen in der Währungsstruktur des Reiches in der 2. Hälfte des 17. Jahrhunderts, in: ders. (Hrsg.), Struktur und Dimension. FS für Karl Heinrich Kaufhold. Bd. 1: Mittelalter und Frühe Neuzeit, Stuttgart 1997, S. 138–172, hier S. 139–144.

5) Peter Kriedte, Spätfeudalismus und Handelskapital. Grundlinien der europäischen Wirtschaftsgeschichte vom 16. bis zum Ausgang des 18. Jahrhunderts, Göttingen 1980, S. 13.

6) Dazu grundsätzlich: Manfred Straube, Die Leipziger Messe im Dreißigjährigen Krieg, in: Uwe

John/Josef Matzerath (Hrsg.), Landesgeschichte als Herausforderung und Programm. Karlheinz Blaschke zum 70. Geburtstag (Quellen und Forschungen zur sächsischen Geschichte, Bd. 15), Stuttgart 1997, S. 421–441.

7) Uwe Schirmer, Ernährung im sächsischen Erzgebirge zu Beginn des 16. Jahrhunderts. Produktion, Handel und Verbrauch, in: Rainer Aurig/Steffen Herzog/Simone Lässig (Hrsg.), Landesgeschichte in Sachsen. Tradition und Innovation (Studien zur Regionalgeschichte, Bd. 10) Bielefeld 1997, S. 129–144.

8) Rudolf Schlögel, Zwischen Krieg und Krise. Situation und Entwicklung der bayerischen Bauernwirtschaft im 17. Jahrhundert, in: ZAA 40, 1992, S. 133–167, S. 160.

9) Max Mueller, Das Tuchmacher-Handwerk und der Tuchhandel in Zwickau in Sachsen, ein Beitrag zur Wirtschafts-Geschichte Sachsens, Leipzig 1929, S. 50f., 116.

10) Cornelia Wenzel, Beiträge zur Wirtschafts- und Sozialgeschichte der Stadt Görlitz im 17. Jahrhundert, Görlitz 1993, S. 31–34.

11) Bräuer, Handwerk im alten Chemnitz, S. 36–39.

12) Sächs. HStA Dresden, Loc. 7344/1, Kammerrechnungen betr. 1544–1600, fol. 62f.

13) Uwe Schirmer, Grundriß der kursächsischen Steuerverfassung (15.–17. Jahrhundert), in: ders. (Hrsg.), Sachsen im 17. Jahrhundert. Krise, Krieg und Neubeginn (Schriften der Rudolf-Kötzschke-Gesellschaft, Bd. 5), Beucha 1998, S. 161–207, hier S. 186f.

14) Konrad Schneider, Frankfurt und die Kipper- und Wipperinflation der Jahre 1619–1623 (Mitteilungen aus dem Frankfurter Stadtarchiv, Bd. 11), Frankfurt/Main 1990; Paul Arnold, Die sächsische Talerwährung 1500–1763, in: Schweizerische Numismatische Rundschau 59, 1980, S. 50–94.

15) Robert Wuttke, Zur Kipper- und Wipperzeit in Kursachsen, in: NArchSächsG 15, 1894, S. 119–156, hier S. 147.

16) Schirmer, Grundriß der kursächsischen Steuerverfassung, S. 192–202.

17) Sächs HStA Dresden, Loc. 10 497, Steuerrechnungen. Marktauszüge 1629–1656, unfol.

18) Straube, Leipziger Messe, S. 438.

19) Rudolf Endres, Die Nürnberg-Nördlinger Wirtschaftsbeziehungen im Mittelalter bis zur Schlacht von Nördlingen. Ihre rechtlich-politischen Voraussetzungen und ihre tatsächlichen Auswirkungen (Schriften des Instituts für Fränkische Landesforschung an der Universität Erlangen–Nürnberg, Bd. 11) Neustadt/Aisch 1963, S. 200.

20) Rudolf Lehmann, Bruchstück eines Tagebuches aus der Zeit des 30jährigen Krieges, in: NArchSächsG 40, 1919, S. 171–178.

21) Gerhard Fischer, Aus zwei Jahrhunderten Leipziger Handelsgeschichte 1470–1650, Leipzig 1929, S. 195f.; Julia Zunckel, Rüstungsgeschäfte im Dreißigjährigen Krieg. Unternehmerkräfte, Militärgüter und Marktstrategien im Handel zwischen Genua, Amsterdam und Hamburg (SWS, Bd. 49), Berlin 1997.

22) Uwe Schirmer, Wirtschaftspolitik und Bevölkerungsentwicklung in Kursachsen zwischen 1648 und 1756, in: NArchSächsG 68, 1997, S. 125 bis 155, hier S. 150–154.

23) Walter Schellhas, Die Rolle der Bergleute bei der Verteidigung der Stadt Freiberg gegen die Schweden 1639 und 1642/43, in: SächsHeimatbl. 17 (1971), S. 162–170.

24) Straube, Leipziger Messe, S. 430–434, 440.

25) Sächs. HStA Dresden, Loc. 7289/4, fol. 186–189. Vgl. auch: Rainer Aurig, Betrachtungen zur wirtschaftlich-sozialen Situation in Sachsen im Gefolge des Dreißigjährigen Krieges, in: SächsHeimatbl. 41, 1995, S. 343–351.

26) Reinhard Göhler, Vom Zustand und von Lasten und Nöten der Bauern im Amte Colditz um die Mitte des 17. Jahrhunderts, in: NArchSächsG 57, 1936, S. 30–55, hier S. 64f.

27) Details: Ernst Sparmann, Dresden während des 30jährigen Krieges (Mitteilungen des Vereins für Geschichte Dresdens, Bd. 24), Dresden 1914, S. 76f.

28) Karlheinz Blaschke, Bevölkerungsgeschichte von Sachsen bis zur Industriellen Revolution, Weimar 1967, S. 88–94.

Katrin Keller

Kriegsende und Friedensfest in Kursachsen

Wann der Dreißigjährige Krieg zu Ende war, so sollte man meinen, bedarf keiner weiteren Diskussion, denn jedes Kind lernt in der Schule, daß der Westfälische Frieden 1648 den jahrzehntelangen Auseinandersetzungen ein Ende bereitete. Dieser Eindruck täuscht jedoch, denn so wie Kursachsen schrittweise in die Kriegshandlungen einbezogen wurde, so endete der Krieg für Kursachsen eben nicht mit dem Frieden von Münster und Osnabrück vom 24. Oktober 1648, dessen 350. Jubiläum in diesem Jahr begangen wird. Bevor wir uns im folgenden dem eigentlichen Friedensfest zuwenden, muß also hier der Frage des Kriegsendes kurz unsere Aufmerksamkeit gelten.

Zunächst sei daran erinnert, daß Kursachsen nach begrenzter Beteiligung am böhmischen Feldzug 1620 eigentlich erst 1631 mit dem Erscheinen der Schweden in die direkten Kampfhandlungen einbezogen wurde. Die Schlacht bei Breitenfeld am 7. September 1631 markiert diesen Umstand sogleich mit einem militärischen Kulminationspunkt; der hier errungene Sieg über die kaiserlichen Truppen war dem sächsischen Kurfürsten Anlaß zur Anordnung eines Lob- und Dankfestes im ganzen Land, das bis mindestens 1635 jährlich begangen wurde.[1] Der dann 1635 zustande gekommene Prager Frieden war nicht nur der erste Versuch einer Beendigung des Krieges, sondern für Kursachsen auch Anlaß für ein erstes Friedensfest, das der Kurfürst per Reskript für den 24. Juni 1635 im ganzen Land inklusive der gerade erworbenen Lausitzen anberaumte. Der Eilenburger Martin Rinckart dichtete aus diesem Anlaß:

> »Nun freut euch, lieben Christen gemein,
> Und laßt uns frölich springen,
> Daß wir getrost und in gemein
> Mit Lust und Liebe singen:
> Was Gott für güldne Friedenszeit
> Der Himmels-Friedefürst, bereit
> In unserm Vaterlande.«[2]

Daß dieser Vertrag trotz der großen, an ihn geknüpften Hoffnungen noch nicht wirklich das Ende des Krieges bedeutete, ist bekannt. Erst nach der Eroberung Leipzigs durch die Schweden 1642 begannen am sächsischen Hof mit Vertretern der schwedischen Seite erneut langwierige Diskussionen und Verhandlungen, an deren Ende 1645 der Waffenstillstand von Kötzschenbroda stand, der (mit seiner Bestätigung durch den Eilenburger Vertrag von 1646) das faktische Ende der Kriegshandlungen in Sachsen bedeutete.[3]

Weitere drei Jahre später schließlich der Friedensschluß von Münster und Osnabrück; derselbe wurde am 26. November / 3. Dezember 1648 auf kurfürstlichen Befehl in ganz Sachsen von den Kanzeln verkündet und landesweit mit einem festlichen Te Deum begangen. Die Situation einer beträchtlichen Zahl kursächsischer Städte beim Friedensschluß 1648 charakterisiert eine Aussage der Mügelner Stadtchronik: »Es war eine unsägliche Freude bey Jung und Alt / daß die langwierige und schädliche Kriegs-Unruhe einmal ein Ende haben solte / iederman meynete alles Leid und Unglück hätte nun gäntzlich ein Ende / und dachte niemand / daß noch ein so trübes Wetter dahinden wäre / wie bald folgete.«[4)]

Obwohl diese Danksagung sicher aus tiefstem Herzen kam, scheint die Freude aufs Ganze gesehen – der Nachsatz des Zitats deutet es an – noch keineswegs ungetrübt gewesen zu sein. Mit Blick auf Kursachsen und etliche weitere protestantische Territorien im Norden des Reiches bleibt vielmehr zu konstatieren, daß der Friedensschluß von 1648 nicht überall in dem Lichte gesehen wurde, in das ihn Politiker, Staatswissenschaftler und schließlich die historische Wissenschaft später setzten. Die Bedeutung der Nürnberger Rezesse, in denen in zähen Verhandlungen bis 1650 schließlich die Bedingungen für den Abzug der schwedischen u. a. Truppen ausgehandelt wurden, für die Exekution des Friedens aus der Sicht der Zeitgenossen muß viel stärker als bislang hervorgehoben werden.[5)]

Für die Bevölkerung Kursachsens stellte sich der Friedensschluß von 1648 damit zuerst einmal als einer in einer Reihe von Vereinbarungen dar. Schon 1645/46 hatte man gefürchtet, »... es möchten die vorigen Unruhen an dem Orte wieder angehen, wo sie sich zuvor geendiget hatten«[6)], und ähnliche Befürchtungen scheinen auch nach der Verkündung des Friedensschlusses von Münster und Osnabrück bestanden zu haben. Vielerorts konnte man nach so langer Zeit kaum an ein Ende des Krieges glauben, zumal sich ja auch vorige »Traktaten« als nicht von Dauer erwiesen hatten.[7)] Zudem war Kursachsen schon seit 1645 vom Krieg »nur« noch in Form von Einquartierung und Kontributionszahlungen betroffen gewesen – und daran änderte sich mit dem Herbst 1648 zunächst nichts. Das kurfürstliche Mandat, mit dem die Nachricht vom Friedensschluß publiziert wurde, koppelte die Mitteilung darüber mit der über die zu entrichtende »Friedensanlage«.[8)] Zwar waren es nun sogenannte Satisfaktionsgelder, die erhoben wurden, aber gezahlt werden mußte weiter, und nach dem Abzug der schwedischen Truppen aus Böhmen und Teilen Süddeutschlands kamen neue Einquartierungen an Stelle der alten, z. T. wurde die Stärke sogar noch aufgestockt. Die Übergangszeit, die die Verhandlungen in Nürnberg für das ganze Reich darstellten, dürfte so für Kursachsen besonders lang und der Unterschied zwischen Krieg und Frieden damit besonders unmerklich gewesen sein.

Während also in Leipzig, Zittau, Colditz und anderswo die schwedischen Truppen Dank- und Friedensfeste[9)] begingen, an denen die Stadtbewohner wohl auch oft teilnahmen, gab es für viele Bewohner Kursachsens einstweilen noch nichts zu feiern. Ein Zwickauer Chronist beschrieb dies so: »An diesem Danck-Fest [das Te Deum von 1648 meinend] waren viel Leute so fro / als ob sie / nach dem gemeinen Sprichwort / neu geboren wären; vielen aber / dieweil sie die beschwerliche Einquartierung noch auff den Hälsen hätten / auch sonsten noch contribuiren musten / war es als ob ihnen nur darvon träumete.«[10)] Ebenso plastisch die Schilderung in der Chronik der kleinen Stadt Mügeln, die zum vom Krieg ohnedies besonders stark betroffenen Stift Wur-

Die Friedenskirche in Kötzschenbroda, Zeichnung, aquarelliert um 1800

zen zählte: Am Silvestertag des Jahres 1648 trafen hier drei schwedische Kompanien ein – »Das gantze Städtlein war voll Volcks / im kleinesten Häußlein waren 2 / 3 oder 4 Pferde / auch wol 4 oder 5 Personen. Viel undeutsch Volck war unter den Hauffen / als Schweden und Finnen / die waren sehr geitzig und fressig / man kundte sie nicht vergnügen / sie trilleten und blacketen die Leute / daß nicht zu sagen ist. Und also war das alte Jahr übel beschlossen / und das Neue viel übeler angefangen.«[11)]

Und die Colditzer Chronik meldet: »Anno 1649 Am Neu-Jahrs-Tage wurde der Anfang bey viel 1000 Menschen mit Jubiliren und Freuden gemacht, und allenthalben das Te Deum Laudamus herzlich gesungen, wegen des lieben Friedens; Aber zu Colditz und etlichen wenigen Orten im Lande erhub sich eine neue Furcht, als am Neu-Jahrs-Tage der Schwedische Gouverneur Axel Lille mit vielen Volk aus Böhmen zu Colditz ankam, und gieng nach Leipzig. Am 2. Januar legte sich Capitain Scheiding mit einer Compagnie Fuß-Volk von der Königin in Schweden Leib-Regiment in Colditz, und blieb 26 Tage liegen, hiezu kamen am 23. Januar Rittmeister Wolf Ziegler mit einer Compagnie Pferde, und blieb liegen bis den 8. Februar. Den 25. Januar kam Capitain Clauß Scharp mit einen Fähnlein Finnischer Musquetirer legte sich in die Stadt, und blieb 36 Wochen liegen, und das währete immer so fort, Unter solcher Zeit zogen auch in Leipzig hohe Schwedische Officirer, wie auch derselben Frauen-Zimmer, öfters zu Colditz aus und ein, hatten ihre Lust und Ergetzen an den schönen Schloße und Thier-Garten. Anno 1650 Endlich geschahe am 22. Junii der gänzliche Auszug der Schweden, und den 30. Junii quittierten sie auch Leipzig, und zog das Churfürstlich Sächsische Arnimbische Regiment hier ein, drauf ward am Tage Maria Magdalena, ein allgemein Frieden- und Freuden-Fest mit herzlicher Danksagung und Jubiliren im ganzen Lande gehalten.«[12)]

Erst im Laufe des Jahres 1649 scheinen in größerem Maße Truppen aus Kursachsen wirklich abgezogen worden zu sein. Während Böhmen und große Gebiete Süddeutschlands schon im Herbst 1649 von allen Truppen geräumt wurden, bildete in Kursachsen erst der erwähnte Abzug der schwedischen Truppen aus Leipzig am Abend des 30. Juni 1650 den Schlußpunkt. Dieser erfolgte, nachdem der Leipziger Rat auf Befehl des Kurfürsten, »wie bluthsauer es auch damit hehrgangen«[13)], eine beträchtliche Summe zur Abgeltung der restlichen schwedischen Satisfaktionsgelder zur Verfügung gestellt hatte. Angesichts dieser Situation verwundert es nicht mehr so sehr, daß das »eigentliche große und wahre Friedensfest«[14)] erst am Tag Maria Magdalena, dem 22. Juli 1650 stattfand.

Interessanterweise ging die Empfindung von Kontinuität über das Jahr 1648 zum Teil so weit, daß man die Bezeichnung »Zweiunddreißigjähriger Krieg« in den Akten belegt findet.[15)] Nun ist dies zwar eigentlich für Kursachsen ein Paradoxon, da der Krieg wie gesagt das Land erst ab 1631 direkt betroffen hatte. Der sich offenbar relativ schnell verbreitende Begriff »Dreißigjähriger Krieg«[16)] war aber scheinbar schon so fest mit den zurückliegenden Ereignissen verbunden, daß zur Betonung der eigenen Sichtweise nur die Erweiterung zum »Zweiunddreißigjährigen Krieg« in Frage kam.

Der Ablauf des nun im Juli 1650 stattfindenden Friedensdankfestes erinnert stark an den Typus des protestantischen Lob- und Dankfestes, wie er sich im Zusammenhang mit den Reformationsjubiläen seit 1617 herausgebildet hatte. Die Frage, ob das angeordnete Fest tatsächlich überall und dann nach dem vorgegebenen Schema stattgefunden hat, ist für Kursachsen schwer zu beantworten, denn die Quellenüberlieferung ist im allgemeinen äußerst fragmentarisch, man bleibt weitgehend auf die gedruckten Stadtchroniken angewiesen. Danach darf allerdings vermutet werden, daß am 22. Juli des Jahres 1650 tatsächlich in allen Pfarrkirchen des Landes das Fest begangen worden ist, und zwar mit folgendem Ablauf:

Am vorangegangenen Tag (dem 6. Sonntag nach Trinitatis) wurde das Fest im Gottesdienst und am Nachmittag mit feierlichem Geläut angekündigt. Am frühen Morgen des 22. Juli eröffnete dann langes Geläut den Festtag, das die Gemeinde in die Kirche rief. Nach den Predigten wurde das Abendmahl ausgeteilt und der Gottesdienst mit dem gemeinsamen Gebet beendet. Nachmittags folgte noch eine Vesperpredigt, in der wie schon am Morgen auch mit Pauken und Trompeten musiziert wurde, um den feierlichen Charakter des Gottesdienstes zu unterstreichen. Während des ganzen Tages sollte die Arbeit ruhen und die kurfürstliche Instruktion mahnt eindringlich, daß auch nach dem zweiten Gottesdienst niemand «... sich unterstehen [solle] / die übrige Zeit des Tages mit Schlemmen / Temmen / oder anderer Uppigkeit zuzubringen / sondern zu Hause mit den Seinigen GOTT ferner loben / rühmen / ehren / preisen / und daß er weiter über uns Allen mit seiner Güte und Gnade halten und walten wolle / hertzlich und inbrünstig bitten und bethen / und also diese Fest mit Christlicher Andacht / GOTT zu Ehren anfahen / mitteln und vollenden.«

Es schienen die strikten Vorgaben der Instruktion im wesentlichen umgesetzt worden zu sein; nach Ablauf und Inszenierung war das Friedensfest des Jahres 1650 weit davon entfernt, einem volkstümlichen Vergnügen zu gleichen, sondern zielte auf Andacht und Buße. Das Zitat aus der Instruktion zur Reglementierung des Verhaltens auch außerhalb des Gottesdienstbesuches läßt zwar vermuten, daß man in Dresden sich der geforderten Andacht realiter nicht ganz sicher gewesen sein dürfte. Bislang gibt es jedoch keinerlei Indizien dafür, daß die städtische Bevölkerung gegen die Festlegungen der Instruktion verstoßen hätte. Für den Stellenwert dieses Dankfestes als Markierung des tatsächlichen Kriegsendes, das weiten Teilen der Bevölkerung tatsächlich Anlaß zu dankbarem Gebet und Gottesdienstbesuch war, sprechen dabei Aussagen wie aus Zwickau: »Was für Freude allenthalben unter denen Leuten gewesen / ist nicht zu beschreiben / und sind die Kirchen so voll gewesen / als sonsten bey Menschen gedencken niemals geschehen. Nach dem in der Kirchen verrichteten Gottesdienst / hat man mit Freuden / und sonderlicher Bewegung des Gemüths gehört / wie fast in allen Häusern / durch die gantze Stadt / Lob- und Danck-Lieder gesungen worden.«[17]

Auch die verschiedentlich überlieferten Versuche, dem Gottesdienst und dem ganzen Tag ein besonderes Gepräge zu verleihen, deuten in diese Richtung: In Leipzig etwa wurden nach dem Frühgottesdienst die Geschütze auf der Festung dreimal gelöst, und auch die auf dem Markt aufgezogene Festungsbesatzung gab drei Salven ab; der Rektor der Universität hielt eine Festrede. In Dresden zog die kurfürstliche Leibkompanie auf, mittags feuerte man Raketen ab und löste insgesamt 225 Kanonenschüsse.[18] In Annaberg zog der Rat und ihm folgend die ganze Bürgerschaft durch die Stadt zur Kirche, dort wurde »auf das Schönste gesungen«. In der Vesperpredigt knieten die Kinder in weißen Hemden und mit grünen Rautenkränzen vor dem Altar, während »des Herrn Daniel Emmerlings Stiefsohn[, der] in ein Weibsbild verkleidet gewesen in einem silberweißen Kleid, der hat den Frieden verkündigt, alles ferschweis und auf allen Bänken hat das Chor geantwortet.«[19] Auch in Delitzsch war man in festlichem Aufzug vom Rathaus zur Kirche gegangen, Rat, Amtmann, Geistlichkeit, Lehrer und Bürger ganz in Schwarz, die Kinder dagegen weiß gekleidet mit grünen Zweigen. In Zittau dagegen hatte das Fest bereits nachts um 2 Uhr mit festlicher Musik und Gesang von den Türmen von Rathaus und Johanniskirche begonnen.[20] Auch wenn frühbarocke Prunkentfaltung in Kursachsen nicht erkennbar wird, so doch ein Bemühen um wirklich »festliche« Gestaltung des Dankfestes.

Warum hat sich in Kursachsen im Gegensatz zu anderen deutschen Gegenden – bekannt ist vor allem das Beispiel Augsburg, wo der 8. August noch heute Anlaß zu einem Volksfest ist – kein dauerhaftes Gedenken an das Friedensfest am Ende des Dreißigjährigen Krieges entwickelt? Dies könnte darin begründet liegen, daß das Kriegsende hier eher als Prozeß denn als plötzliche Zäsur beschrieben werden muß. Mag dies also der Instrumentalisierung als jährlich wiederkehrendem Fest entgegengestanden haben, so bleibt noch die Frage, warum dann nicht wenigstens die größeren Jubiläen des Friedensschlusses Beachtung fanden. Seit der Feier des ersten Reformationsjubiläums 1617 wurde ja auch weltlichen Jahrestagen bald konstituierend für Feste, wie

Flugblatt auf die Friedensfeiern des Jahres 1650 zu Ehren Johann Georgs I.

sie in Kursachsen etwa die Jahrhundertfeiern der Leipziger Buchdrucker 1640 und 1740 belegen mögen.[21] Für das 18. Jahrhundert gibt es zwar einzelne Hinweise darauf, daß an den Dreißigjährigen Krieg erinnert wurde, vor allem durch Beschreibungen einzelner Belagerungen für besonders hart betroffene Städte.[22] Was in der Erinnerung eine Rolle spielte, war ganz offensichtlich der Krieg mit seinen Zerstörungen, nicht der Friedensschluß, geschweige denn seine Feier. Der Mythos des alles verheerenden Krieges, der in der Historiographie des 19. Jahrhunderts eine bedeutende Rolle spielen sollte, scheint bereits im 18. Jahrhundert im Wachsen begriffen.

Auch im Jahre 1748 bemühte man sich um das Gedenken an den Friedensschluß nur sehr vereinzelt. In Wittenberg erschien eine gelehrt-literarische Rede zum Jubiläum, in Freiberg war es der ambitionierte Gymnasialrektor Biedermann, der ein allegorisches Singspiel verfaßte und dies an vier Tagen mit über 100 Schülern aufführte. In beiden Fällen nahm man dabei ausdrücklich Bezug auf den dringend gewünschten bzw. gerade abgeschlossenen Frieden von Aachen[23], so daß am Ende auch hier aktuelles und historisches Kriegsgeschehen in Verbindung gebracht wurden und nicht allein Erinnerung an ein historisches Datum reklamiert werden kann. Schon 1745 hatte es sich die Gemeinde Kötzschenbroda nicht nehmen lassen, mit einer Gedenkfeier den hier geschlossenen Waffenstillstand zu würdigen.[24]

Und nimmt man die Stadtchroniken, auf denen die obigen Ausführungen zu den Festen beruhen, so zeichnet sich ebenfalls eine »Kurve des Vergessens« ab: Während die zehn Chroniken aus der Zeit vor 1700 allesamt den Friedensschluß und das Fest erwähnen, zum Teil mit recht ausführlichen Beschreibungen, sind es aus der Zeit bis zum Ende des Siebenjährigen Krieges schon nur noch knapp die Hälfte der Schriften, die mit eher kurzen Notizen Erinnerung an das Friedensfest ausweisen. In der zweiten Hälfte des 18. Jahrhunderts entstanden dann nicht allein wesentlich weniger Stadtgeschichten, nur eine einzige davon erwähnt das Fest; erst mit dem Einsetzen gelehrter Geschichtsschreibung auf Quellenbasis im 19. Jahrhundert erscheinen die Friedensfeste von Fall zu Fall wieder in den Texten. In diesem letzten Zeitraum wird allerdings noch deutlicher als vorher, daß man zwar an den Krieg als Verhängnis erinnerte, nicht aber die Feste am Ende desselben. Unsere weitgehende Unkenntnis über die Friedensfeste dürfte nicht zuletzt aus diesem Umstand resultieren; einmal mehr scheint die Nachwelt und ihr Blick auf die Geschichte unsere Wahrnehmung lange Zeit bestimmt zu haben.

Anmerkungen

1) Axel Flügel, »Gott mit uns« – Zur Festkultur im 17. Jh. am Beispiel der Lob- und Dankfeste und Fastnachtsbräuche in Leipzig, in: Katrin Keller (Hrsg.), Feste und Feiern. Zum Wandel städtischer Festkultur in Leipzig. Leipzig 1994, 49ff.

2) Zitiert nach Ernst Kroker, Leipzig in Liedern und Gedichten des dreißigjährigen Krieges, in: Schriften des Vereins für die Geschichte Leipzigs 5 (1896), 83.

3) Zuletzt dazu Heinz Duchhardt, Kötzschenbroda 1645 – ein historisches Ereignis im Kontext des Krieges und im Urteil der Nachwelt, in: Sächsische Heimatblätter 41 (1995) 6, 323–329; auch Karl Gustav Helbig, Die sächsisch-schwedischen Verhandlungen zu Kötzschenbroda und Eilenburg 1645 und 1646, in: Archiv für die sächsische Geschichte 5 (1867), 264–88.

4) Johann Fiedler, Müglische Ehren- und Gedächtniß-Seule ... Leipzig 1709, 205.

5) Antje Oschmann, Der Nürnberger Exekutionstag 1649–1650. Das Ende des Dreißigjährigen Krieges in Deutschland. Münster 1991, hier bes. 8.

6) Christian Friedrich Röder, Historische Nachrichten von der alten Meißnischen Grentz-Stadt Dommitzsch ... Torgau 1750, 357.

7) Johannes Burkhardt, Der Dreißigjährige Krieg. Frankfurt am Main 1992, 242.

8) Staatsarchiv Leipzig, Stadt Delitzsch Nr. 1108, unpag., Abschrift des Mandats vom 10. 11. 1648.

9) Johann Jacob Vogel, Leipzigisches Geschicht-Buch oder Annales, das ist: Jahr- und Tage-Bücher der weltberühmten königlichen und churfürstlichen sächsischen Kauff- und Handelsstadt Leipzig.

Leipzig 1714, 645; Johann Benedict Carpzov, Analecta Fastorum Zittaviensium ... Teil 3, 40.

10) Tobias Schmidt, Chronica Cygnea, das ist: Zwickauische Annales oder Zeit-Register ... Zwickau 1656, 700 f.

11) Fiedler, Müglische Ehren- und Gedächtniß-Seule (wie Anm. 4), 205 f.

12) Johannes Kamprad, Leisnigker Chronica, Leipzig 1753, darin: 23. Kapitel: Colditzer Annalen des Abraham Thamm (1676), S. 590.

13) Sächsisches Hauptstaatsarchiv Dresden Loc. 8134: Gratulatoria wegen der ... zu Münster und Nürnberg geendigten glücklichen Traktaten 1648–1650, Bl. 16b (Schreiben des Rates vom 30. 06. 1650); Schilderung des Abzugs: Relation, welchergestalt die berühmte Stadt Leipzig und Veste Pleissenburg ... übergeben worden / den 30. Junii Anno 1650 [4 Bl.]

14) Ernst Friedrich Wilhelm Simon, Kurze Nachrichten von den vornehmsten Denkwürdigkeiten der ... Berg-Stadt Zschopau. Dresden 1821, 262.

15) Staatsarchiv Leipzig Stadt Delitzsch Nr. 1108, unpag. (15. 12. 1650), Nr. 3189, unpag. (November 1658); Johann Georg Jahn, Urkundliche Chronik der Stadt Oelsnitz. Oelsnitz 1841, 237; Sammlung einiger historischer Nachrichten von der freyen Standesherrschaft und der kleinen Stadt Seidenberg. Lauban 1762, 359; Friedens-Gedächtniß der ... Residentz-Stadt Weimar. Weimar 1651, unpag.

16) Zur Begriffsgeschichte Konrad Repgen, Über die Geschichtsschreibung des Dreißigjährigen Krieges: Begriff und Konzeption, in: Ders. (Hg.), Krieg und Politik 1618–1648. Europäische Probleme und Perspektiven (= Schriften des historischen Kollegs 8). München 1988, 1–84.

17) Schmidt, Chronica Cygnea (wie Anm. 10), 708; ähnlich auch Carpzov, Analecta Fastorum (wie Anm. 9), 40; Jeremias Simon, Eilenburgische Chronica ... Leipzig 1696, 708; Vogel, Annales (wie Anm. 9), 653.

18) Vogel, Annales (wie Anm. 9), 653; Sächsisches Hauptstaatsarchiv Oberhofmarschallamt N IV, Nr. 1: Friedens-Denck- und Danck-Feste 1650–1721, Bl. 3; ähnlich auch in Freiberg (Andreas Möller, Theatrum Freibergense ... Freiberg 1652, 703 f.).

19) Des Kupferschmiedemeisters Ludwig Kleinhempel Hauschronik 1563–1682, hrsg. von Heinrich Harms zum Spreckel, in: Mitteilungen des Vereins für Geschichte von Annaberg und Umgegend 16 (1927), 53.

20) Johann Gottfried Lehmann, Chronik der Stadt Delitzsch bis zum Anfang des 18. Jh. Delitzsch 1852, 143; Carpzov, Analecta Fastorum (wie Anm. 9), 40.

21) Zu den Ursprüngen der Jubiläumskultur vgl. Johannes Burkhardt, Reformations- und Lutherfeiern. Die Verbürgerlichung der reformatorischen Jubiläumskultur, in: Dieter Düding/Paul Friedemann/Paul Münch (Hrsg.), Öffentliche Festkultur. Politische Feste in Deutschland von der Aufklärung bis zum Ersten Weltkrieg. Reinbek 1988, 213 f.; Hartmut Zwahr, Zur Entstehung eines nationalen Gedächtnisses. Die Leipziger Jahrhundertfeiern zum Gedenken an die Erfindung des Buchdrucks mit beweglichen Lettern, in: Katrin Keller (Hrsg.), Feste und Feiern. Zum Wandel städtischer Festkultur in Leipzig. Leipzig 1994, 117 ff.

22) So z. B.: Wurtznische Creutz- und Marterwoche, Das ist, Kurtze, doch wahrhaftige Beschreibung des ... Bannirischen ... grausamen Einfalls. [Wurzen] 1637, 1674, 1747; Friedrich Christian Baumeister, Kurtzgefaßte Nachricht von der Belagerung der Sechs-Stadt Görlitz [1641]. Leipzig–Görlitz 1741; Historische Nachricht von denen vornehmsten Denckwürdigkeiten der Stadt Chemnitz, besonders Ihren vor nunmehro hundert Jahren erlittenen Drangsalen. Chemnitz 1734; Christian Heckel, Historische Nachricht von dem, was nunmehro vor hundert Jahren ... der Stadt Pirna widerfahren. Pirna 1739.

23) Rede am Jubeltage des Westphälischen Friedensschlusses ... 1748 in einer Gesellschaft guter Freunde gehalten. Wittenberg [1748]; Von einem in Freyberg zum erbaulichen und danckbaren Andencken des vor hundert Jahren, nehmlich 1648 geschlossenen Westphälischen Friedens gehaltenen Singe-Spiel, in: Curiositätencabinet 1748, 346–352.

24) Gustav Wilhelm Schubert, Chronik und Topographie der Parochie Kötzschenbroda. Dresden 1865, 199.

Volker Ruhland

Der Westfälische Friede und die neue europäische Staatenordnung

Eilt, daß ihr den Verstand zum Nutzen noch gebrauchet,
Eh dann Europa ganz, das goldene Land verrauchet!
Ach, glaubt mir, einmal sich erretten von den Kriegen
Ist mehr, als tausendmal unüberwindlich siegen. Andreas Scultetus (1648)

Am 24. Oktober 1648 schließen nach 30 Jahren eines furchtbaren Krieges, der Millionen Tote gefordert und die deutschen Lande verwüstet hat, Kaiser Ferdinand III. und die deutschen Reichsstände Frieden, sowohl mit den Schweden als auch mit dem benachbarten Frankreich.

Der Friedensschluß besteht aus zwei aufeinander abgestimmten Vertragswerken. In Münster unterzeichneten die Bevollmächtigten Kaiser Ferdinand III. und König Ludwig XIV. von Frankreich den Friedensvertrag: am selben Tag unterzeichnen in Osnabrück die Bevollmächtigten des Kaisers und der Königin Christine von Schweden den Friedensvertrag. Die Reichsstände schließen sich beiden Verträgen durch Unterschrift an. Die Urkundentexte sind in lateinischer Sprache abgefaßt. Die Verbündeten der kriegsführenden Länder waren in die Verträge eingebunden. Die Ausarbeitung der Verträge hatte vier Jahre gedauert. Erste Friedensverhandlungen gab es schon 1636 und 1639.

Die Sehnsucht nach Frieden war am Ende des Großen Krieges ein allgemein herrschendes Grundgefühl geworden, das in dem Ende des 15. Jahrhunderts in Ostfriesland aufkommenden Satz zum Ausdruck kam: »Da pacem Domine in diebus nostris.« Dieser Text wurde vielfach abgewandelt, auch vertont, am eindrucksvollsten wahrscheinlich von Heinrich Schütz.

Um über den Völkerfrieden zu beratschlagen, kamen im Jahre 1645 rund 300 Beauftragte von weltlicher und geistlicher Macht, begleitet von vielen Theologen und Juristen und unendlich vielen Dienern, Leibwächtern, Dienst- und Begleitpersonal in den westfälischen Bischoffsstädten Münster und Osnabrück zusammen. Eine »kollektive Friedenssuche« (H. Langer) von solchem Ausmaß, an der auch nichtkriegsführende Länder teilnahmen, war in der Geschichte Europas ohne Vorbild. Die Gesandten waren legitimiert, das gequälte, hoffende Volk drängte. Das gab es noch nie, daß das von Kirchenspaltung und Glaubenshader sowie von Feindbildern zerrissene Heilige Römische Reich und Europa in diplomatischen Verhandlungen von Gesandten wieder zu einer Gemeinschaft auf neuer Grundlage geführt wurde.

Bei den Friedensverhandlungen ging es um drei große Komplexe:

- um das Problem der Mitwirkung der Reichsstände bei den Verhandlungen
- um die Klärung der innerdeutschen Streitfragen und
- um die Entschädigung Frankreichs und Schwedens.

Kaiser Ferdinand III. kam es vor allem darauf an, auf dem Friedenskongreß allein die Beziehungen des Reiches zum Ausland zu regeln. Die innerdeutschen Fragen wollte er auf einem besonderen Reichstag in Verhandlungen mit den Ständen klären. Schweden und Frankreich hingegen, aber auch der Ständeopposition, ging es um eine Bestätigung der überkommenen Reichsverfassung, die dann auch so gelang, daß die Reichsstände im Sommer 1646 als vollberechtigte Teilnehmer mit eigenem Stimmrecht vom Kaiser anerkannt werden mußten. Damit nahmen sie am Friedenskongreß als völkerrechtlich selbständige Glieder teil, entschieden über die großen Fragen von Krieg und Frieden mit. Ein großes Problem der Reichsverfassung war damit schon in der ersten Verhandlungsrunde, also vor dem Beginn der Beratungen über die innerdeutschen Fragen, entschieden.

Kriegskrüppel, Stich von J. Callot

Die über ein Jahrhundert aufgestauten kirchlich-konfessionellen Probleme fanden in den Friedensverträgen ihre Entspannung. Bei allem Respekt vor verständlichen Kritiken und Einwänden, allein schon diese Tatsache ist ein Meisterstück der Diplomatie und ein großer Sieg über zerstrittene Ideologie und Leidenschaft.

Die Regelung der innerdeutschen Fragen erfolgte auf der Grundlage von Amnestie und Restitution. Für alle am Krieg Beteiligten wurde Straffreiheit vereinbart, d. h., alle Geächteten, darunter auch die Kurpfalz, erlangten ihre Reichsstandschaft wieder. Der Territorialbesitz der Reichsstände wurde nach dem Stand von 1618 wiederhergestellt. Lediglich Bayern wurde im Besitz der Oberpfalz und der pfälzischen Kur bestätigt. Für den restituierten Pfälzer wurde eine neue, die achte Kur geschaffen. Die Reichsverfassung blieb in ihrer dualistischen Grundstruktur erhalten. Das Gewicht der Reichsstände, deren Territorialhoheit anerkannt wurde, verstärkte sich. Sie erhielten das Bündnisrecht untereinander und mit dem Ausland (eingeschränkt durch einen Treuevorbehalt gegen Kaiser und Reich). Außerdem erlangten sie Mitbestimmungsrechte in wichtigen Reichsangelegenheiten (Bündnisse, Entscheidung über Krieg und Frieden, Gesetzgebung, militärische Aktionen).

Die Reichsstädte besaßen nunmehr das Recht, nicht nur mitzuberaten, sondern auch mitzuentscheiden.

Die Religionsfragen wurden auf der Grundlage des Augsburger Religionsfriedens von 1555 geregelt. Die Reichsbehörden wurden paritätisch besetzt. Kaiser und Reich wurden als Schiedsinstanzen ausgeschlossen. Für die Beratung von Konfessionsfragen auf dem Reichstag wurde ein Auseinandertreten der Stände nach Konfessionen vorgeschrieben, und ihre freundschaftliche Übereinstimmung wurde zur Basis der Rechtskräftigkeit eines Reichsschlusses. Nach wie vor sollte der Landesherr die Landeskonfession bestimmen, aber stark eingeengt wurde dieses Prinzip durch die Festlegung eines »Normaljahres«, d. h., der kirchliche Besitz vom 1. Januar 1624 sollte für immer gelten, wobei für die Erblande und die Oberpfalz Ausnahmen gemacht und verschiedene Formen der Religionsausübung je nach der konkreten Praxis von 1624 vorgeschrieben wurden. Zwangsbekehrung der Bevölkerung eines Landes bei Konfessionswechsel des Landesherrn sollte es nicht mehr geben.

Kursachsen erhielt den Besitz der beiden Lausitzen endgültig bestätigt. Bis zum Jahre 1807/08 hatte das Land damit seine größte Ausdehnung.

Einbezogen in den Frieden wurden auch die Kalvinisten, für deren Verhältnis zu den Lutheranern eine besondere Normaljahresbestimmung galt.

Der dritte große Beratungskomplex betraf die Forderungen der siegreich gebliebenen ausländischen Mächte Frankreich und Schweden. Hier ging es vor allem um Landgewinn.

Frankreich erreichte den Besitz des Elsaß, des Sundgaus, der Stadt Breisach und ein Besatzungsrecht in Philippsburg. Außerdem mußte der Kaiser auf die lothringischen Bistümer Metz, Toul und Verdun verzichten.

Schweden erhielt als Satisfaktion Vorpommern mit der Insel Rügen und Stettin, Wismar in Mecklenburg, dazu das Stift Verden und das Erzstift Bremen. Mit anderen Worten, die Mündungen von Oder, Elbe und Weser und mit ihnen die Seezölle wurden künftig von Schweden kontrolliert. Die schwedische Krone erlangte für ihre deutschen Besitzungen Stimme und Sitz im Reichstag. Außerdem wurden fünf Millionen Reichstaler für die Abfindung der schwedischen Soldateska bewilligt.

Die durch die Satisfaktion geschädigten norddeutschen Fürstenhäuser wurden mit norddeutschen Bistümern entschädigt. Im Zuge dieser Generalbereinigung der politischen Verhältnisse schieden die Schweiz und die Niederlande ganz aus dem Reichsverband aus.

Das mühsam Ausgehandelte über Religion und Kirche, Reichsverfassung und die Restitution mancher im Krieg arg gebeutelten Reichsstände wäre umsonst gewesen, hätten sich die Gesandten nicht eines Problems angenommen, das am Beginn der Verhandlungen so gar nicht gesehen wurde – die materielle Abfindung der Armeen als Voraussetzung für die Entlassung und den Abzug des Militärs. Der Krieg war ihr Beruf und ihr Lebensinhalt. Daher verlangten sie wenigstens einen Vorschuß für den Unterhalt, um den Übergang zu anderen Kriegsherren und Kriegsschauplätzen zu finden. Lange nach dem Friedensschluß konnten sie sowieso nicht mehr im Lande bleiben, denn die Bevölkerung sah in ihnen jetzt erst recht eine Landplage.

Die Forderungen der Militärs waren gigantisch: von ganzen Fürstentümern, von geistlichen Territorien, von reichsfreien Herrschaften, von 20 Millionen Reichstalern war die Rede. Dieser Forderungskatalog konnte nach intensiven Verhandlungen auf fünf Millionen Reichstaler beschieden werden. Das war immer noch eine riesige Summe, die das Reich bis 1654 aufzubringen hatte.

»Friedensbringender Postreuter«, Flugblatt auf den Westfälischen Frieden von 1648

Am 24. Oktober 1648 schließlich war es soweit, die Friedensverträge wurden unterzeichnet. Der Austausch der Ratifikationsurkunden erfolgte infolge Verzögerung erst am 18. Februar 1649. Sofort nach der Unterzeichnung der Friedensverträge eilten Kuriere, sogenannte Friedensreiter, zu den Truppenoberbefehlshabern, mit dem Befehl, alle Kriegshandlungen sofort einzustellen. Damit war auch für die Soldaten dieser Krieg zu Ende. Im Reich galt Friedensrecht, das sie akzeptieren und anerkennen mußten. Viele mußten durch harte Strafen dazu gezwungen werden.

Der Friedens-Exekutions-Hauptprozeß, der am 16. Juli 1650 mit Schweden und zehn Tage später mit Frankreich in Nürnberg geschlossen wurde, galt als wichtigstes Nachfolgedokument des Westfälischen Friedens. Es regelte die Abfindung der Militärs und erließ eine allgemeine Amnestie.

Die von Richelieu konzipierte Idee eines Universalfriedens blieb allerdings nur ein Programm, denn die italienischen Verträge fanden keine Berücksichtigung, und vor allem Spanien war auf das Betreiben Frankreichs und gegen den Willen Ferdinand III. ausgeschlossen. Erst 1659 schloß es seinen Frieden mit Frankreich und mußte dabei die von ihm bislang innegehabte Führungsrolle in Europa an Frankreich abgeben.

Der Westfälische Friede war ein Werk, an dem Europas Staatenwelt gemeinsam mitgearbeitet hatten. Bei allem Preis und unerreichten Zielen, er beendete den längsten Krieg in der deut-

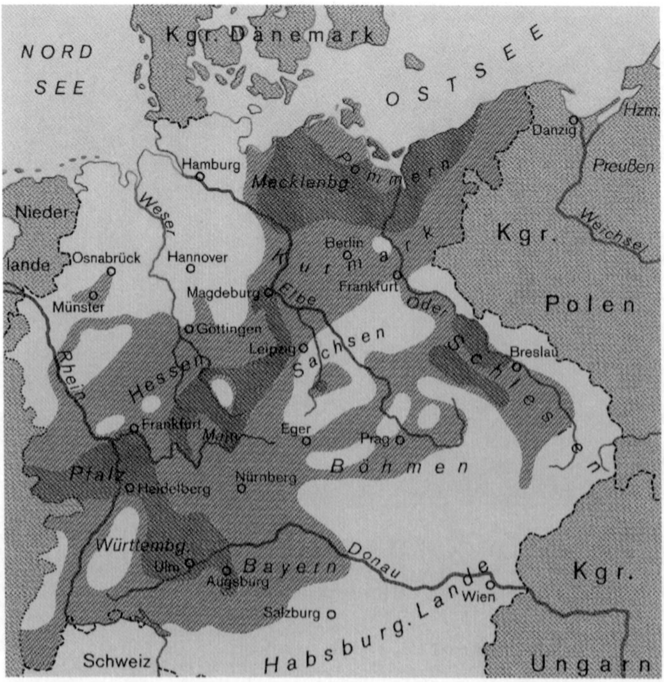

Bevölkerungsverluste durch Krieg und Seuchen. 1618–1648

0–33 Prozent
34–66 Prozent
über 66 Prozent

schen Geschichte und brachte den Frieden. Gewaltig war die Leistung, für das Heilige Römische Reich deutscher Nation eine Friedensordnung geschaffen zu haben, die im wesentlichen 150 Jahre Bestand hatte.

In Münster und Osnabrück, so das berechtigte Lob des Zeitgenossen und hannoveranischen Gelehrten Johann Gottfried Maierns, sei der »Größte und wichtigste Frieden geschaffen worden, welcher nicht nur jemals in Deutschland, sondern in ganz Europa, ja … in der ganzen Welt geschlossen worden ist«.

Der Westfälische Frieden weist natürlich Lücken auf, die sich später nachteilig auswirkten. Dennoch gibt es keinen Zweifel, daß das Vertragswerk als Ganzes tatsächlich Frieden in Europa begründete. Das lag vor allem daran, daß es nicht die Rückkehr zum Stand vor 1618 bedeutete, sondern vor allem auf kirchlich-konfessionellem Gebiet Neues schuf. Das Ringen um Reformation und Gegenreformation kam im wesentlichen zum Stillstand.

Der Westfälische Frieden beschloß als eines der großen Vertragswerke der europäischen Geschichte jenes Zeitalters, »das gern und hilfreich das ›konfessionelle‹ oder das ›Zeitalter der Glaubenskämpfe‹ genannt wird«. (H. Langer)

Vor 1945 sah man auf deutscher Seite diesen Frieden auf der Ohnmacht Deutschlands und auf dem endgültigen Verlust seiner nationalen Einheit gegründet. Die DDR-Geschichtswissenschaft betonte lange Zeit die negativen Folgen der Festschreibung der partikularistischen Strukturen. Heute betont man eher seinen Beitrag zu einer europäischen Friedensordnung auf der Grundlage gleichberechtigter Staaten, zu einer deutschen Friedensordnung auf gleichsam rechtsstaatlicher Basis, unter Ausschluß des absolutistischen Machtstaates, und schließlich seinen Beitrag zur »friedlichen Koexistenz und Priorität der Konfessionen«. (U. Lange)

Artikel II des Vertrages von Osnabrück zwischen Kaiser Ferdinand III. mit Schweden: »Beiderseits sei immerwährendes Vergessen und Amnestie alles dessen, was seit Anbeginn dieser Unruhen an irgendeinem Ort und auf irgendeine Weise von einen oder anderen Teil, hüben und drüben, feindlich begangen worden ist, so daß weder deswegen noch aus irgendeinem anderen Grund oder Unbill, Belästigung oder Hinderung hinsichtlich der Personen, des Standes, der Güter oder der Sicherheit, selbst oder durch andere, heimlich oder offen, unmittelbar oder mittelbar, unter dem Schein des Rechtens oder Gewalt, im Reich oder irgendwo außerhalb desselben (ungeachtet irgendwelcher früheren Verträge gegenteiligen Inhalts) antun oder anzutun veranlassen soll; vielmehr sollen alle und jede hin und her, sowohl vor dem Kriege als auch im Kriege, mit Worten, Schriften oder Taten zugefügten Beleidigungen, Gewalttaten, Feindseligkeiten, Schäden und Unkosten ohne alles Ansehen der Personen oder Sachen dergestalt gänzlich abgetan sein, daß alles, was deshalb der eine vom andern fordern könnte, in immerwährendem Vergessen begraben sein soll.«

Literaturhinweise

M. Steinmetz, Deutschland 147–1648, Berlin 1984;

U. Lange, Deutschland im Zeitalter der Reichsreform (1495–1648), Stuttgart 1987;

Die Epoche des Übergangs vom Feudalismus zum Kapitalismus von den siebziger Jahren des 15. Jahrhunderts bis 1789, Berlin 1984;

H. Langer, Hortus Bellicus. Der Dreißigjährige Krieg. Eine Kulturgeschichte, Leipzig 1978;

Ders., 1648. Der Westfälische Frieden. Pax Europaea und Neuordnung des Reiches, Berlin 1994;

F. Dieckmann, Der Westfälische Frieden, Münster 1959, Europäische Friedensschlüsse. Deutschland in Europa 1648 – 1815 – 1918 – 1990, Landeszentrale für politische Bildung Baden-Württemberg, H. 29, 1994.

Mitteilungen des Dresdner Geschichtsvereins e.V.

In der Jahreshauptversammlung am 26. Oktober 1998 wurde vom Verein ein neuer Vorstand gewählt. Ihm gehören an: Prof. Dr. Ingo Zimmermann als Vorsitzender, Prof. Dr. Matthias Herrmann, Dieter Hoefer, Dr. Gerald Kolditz, Thomas Kübler, Hans-Peter Lühr, Dr. Walter May, Prof. Dr. Hans Joachim Neidhardt, Dr. Sieglinde Richter-Nickel.

Zugleich wurde am 26. Oktober Prof. Dr. Günter Jäckel aus dem Amt des Vorsitzenden des Dresdner Geschichtsvereins feierlich verabschiedet. Kulturbürgermeister Jörg Stüdemann würdigte in einer Laudatio den heute 72jährigen Literaturwissenschaftler als einen Mann, der »hohe Intellektualität mit engagiertem Bürgersinn« beispielhaft verbindet. In den sieben Jahren seiner Amtszeit habe Günter Jäckel den Verein zu einer festen Größe im kulturellen Leben der Stadt gemacht.

Hans Joachim Neidhardt formulierte anschließend als einer seiner langjährigen Freunde den nachfolgenden

Dank an Günter Jäckel

Menschsein unter einer Diktatur war anders gerichtet als Menschsein in der demokratischen Bürgergesellschaft. Behauptet und verteidigt werden mußte es und muß es immer, denn die Entfremdung von der Welt des Humanen ist nicht nur ein Thema, das hinter uns liegt, sondern das heute leider besonders aktuell ist. Selbstbehauptung konnte in den Jahren vor der friedlichen Revolution häufig bedeuten, sich zu verweigern. Aber wer sich die Vision eines freien, eines würdigen Menschenbildes bewahrte, sich den Luxus einer eigenen, nicht fremdbestimmten Meinung leistete und nach außen vertrat, hatte dafür zu zahlen. Es kam die sogenannte Wende zur Gesellschaftsform der sozialen Marktwirtschaft mit all ihren Vorzügen und Mängeln. Ein ganz großer Vorteil war die Möglichkeit, die res publica mitzubewegen, mitzugestalten. Jetzt konnte sich Menschsein im Kreativen verwirklichen. Bundespräsident Roman Herzog sprach anläßlich der Verleihung des Nationalpreises der Deutschen Nationalstiftung an die Gesellschaft für den Wiederaufbau der Frauenkirche von der Notwendigkeit, die kulturelle Identität unseres Landes wieder erlebbar zu machen, und daß dies nur gelingen könne, »wenn möglichst viele Bürger darin ihre eigene Aufgabe sehen und freiwillig zum Wohl des Ganzen beitragen.«

Meine Damen und Herren – Günter Jäckel hat uns die Möglichkeit des Menschseins und des Menschbleibens in beiden Gesellschaftsordnungen vorgelebt. Vom neuen Anfang an gehörte er zu jenen Bürgern, die bereit waren, sich als »citoyen« in die Pflicht nehmen zu lassen. Die Technische Universität, die Goethe-Gesellschaft und nicht zuletzt der Dresdner Geschichtsverein, dem er sieben Jahre als Vorsitzender diente, waren u.a. seine Wirkungsfelder.

Was über dem Inhalt dieses Wirkens als Klammer stehen könnte, hat Ingo Zimmermann einmal recht glücklich formuliert mit »Dresden als geistige Lebensform«. Das aber muß man erklären. Es bedeutet jedenfalls nicht, einen spießigen Lokalpatriotismus zu pflegen, nicht Rückzug in die geistige Enge des Provinziellen (auch das war ja zu Zeiten mit dem Namen der Stadt verbunden) – es bedeutet vielmehr, mit den großen Zeiten und Geistern dieses Ortes im Bunde zu sein, bedeutet anzuknüpfen an der Weite und Toleranz der augusteischen Epoche mit ihren kulturellen Konzepten von europäischem Zuschnitt, am scharfen Witz und analytischen Geist der sächsischen Aufklärung, am tiefgründigen Philosophieren und Ästhetisieren der hier versammelten Romantiker, am Liberalismus eines weltoffenen, das Gemeinwohl fördernden Unternehmertums und am revolutionären Impetus der Künstler und Dichter im ersten Drittel dieses Jahrhunderts.

Der Standort des Germanisten und Korff-Schülers Jäckel ist auf dieser Seite der sächsischen und deutschen Kulturgeschichte auszumachen. Dabei war ihm Weimar stets näher als Potsdam. Auch da, wo er sich – wie in seinen beiden kulturgeschichtlichen Anthologien zwischen Goethezeit und Maiaufstand – mehr mit dem Alltagsgeschehen Dresdens beschäftigt, ist immer und überall zu spüren seine kritische Liebe zu dieser Stadt, und nun nicht mehr nur zur »Stadt der Erinnerung an Glanz und festliches Dasein, an Zorn und Empörung, an Schutt und Geröll, Scherben und Trümmer; an ein Vineta, dessen Glocken an jedem 13. Februar aus dem Abgrund der Geschichte heraufklingen« (Jäckel), sondern zum Dresden der Gegenwart und der Zukunft, einer Stadt der Lebenden, Stätte der Kunst und Kultur, die es heute mehr als je nötig hat, daß ihre kulturelle Identität zwischen Glanz und Elend, von August dem Starken bis zu Victor Klemperer (!), von den fêtes galantes der Barockzeit bis zum Holocaust des 13. Februar 1945 im Bewußtsein ihrer Bürger lebendig bleibt.

Für den großen Beitrag, den Du, lieber Günter Jäckel, hierbei geleistet hast, möchte ich Dir heute im Namen des Dresdner Geschichtsvereins herzlich danken. Und ich verbinde damit die Hoffnung, daß Du uns mit Deinen Fähigkeiten und Deiner Kreativität noch viele Jahre erhalten bleibst.

Gesamtverzeichnis Dresdner Hefte

* vergriffen

Autorenverzeichnis

Prof. Dr. Johannes Burkhardt
Universität Augsburg
Lehrstuhl für Geschichte der Frühen Neuzeit
Universitätsstraße 10, 86159 Augsburg

Prof. Dr. Reiner Groß
Technische Universität Chemnitz-Zwickau
Philosophische Fakultät
09107 Chemnitz

Dr. Petra Grubitzsch
Fichtestraße 7, 01445 Radebeul

Dr. Katrin Keller
Institut für Sächsische Geschichte
und Volkskunde
Zellescher Weg 17, 01069 Dresden

Dr. Klaus-Peter Möller
Postfach 60/1144, 14411 Potsdam

Dr. Eva Papke
Rugestraße 4, 01069 Dresden

Dr. Volker Ruhland
Zschertnitzer Weg 17, 01217 Dresden

Dr. Uwe Schirmer
Universität Leipzig, Historisches Seminar
Augustusplatz 9–11, 04109 Leipzig

Dr. Elke Schlenkrich
Kleiner Ahornweg 6, 04828 Bennewitz

Hagen Schulz
Stadtmuseum Bautzen
Kornmarkt 1, 02625 Bautzen

Prof. Dr. Wolfram Steude
Pillnitzer Landstraße 57, 01326 Dresden

Prof. Dr. Siegfried Wollgast
Thomas-Müntzer-Platz 10, 01307 Dresden

Bildnachweis

Herzog August Bibliothek Wolfenbüttel 4
Kunstsammlungen Veste Coburg 11
Sächsische Universitäts- und Landesbibliothek Dresden 66
Staatliche Kunstsammlungen Dresden, Kupferstichkabinett 14, 15, 24, 26, 47, 57, 63, Innentitel (2x), Umschlag Rückseite
Staatliche Kunstsammlungen, Rüstkammer 16
Staats- und Stadtbibliothek Augsburg 8
Stadtbibliothek Leipzig 41
Stadtgeschichtliches Museum Leipzig 38, 42
Stadtmuseum Bautzen 30, 33, 35, Titelbild

Fotonachweis

Sächsische Universitäts- und Landesbibliothek Dresden, Abt. Deutsche Fotothek 14–16, 23, 25, 26, 46, 47, 55, 57, 63, 73, 82, Innentitel (2x), Umschlag Rückseite

Titelbild: Die Eroberung von Bautzen durch den Kurfürsten Johann Georg I. von Sachsen im September 1620, Kupferstich von Matthäus Merian d.Ä. vor 1634.

Foto Rückseite: Plündernde Soldaten im Dreißigjährigen Krieg, Radierung von H.U.Frank, 1635.